L'ÉPOPÉE MARITIME

DES

PORTUGAIS

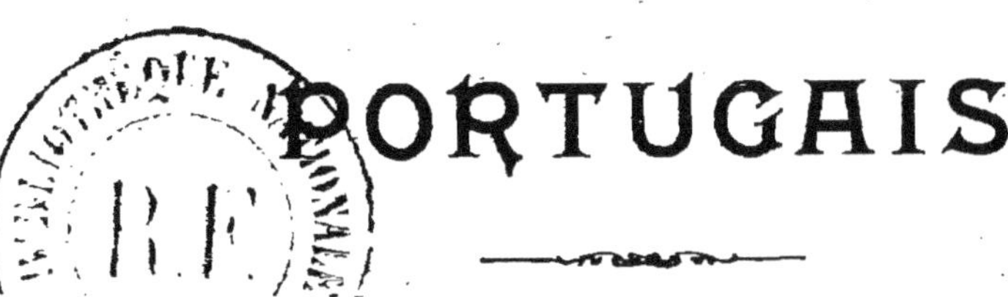

VASCO DA GAMA ET LE CAMOËNS

PAR

José Carlos de Faria e Castro

MEMBRE CORRESPONDANT DE LA SOCIÉTÉ DE GÉOGRAPHIE DE LISBONNE;
CHEVALIER DE LA MAISON ROYALE; DE L'ORDRE DU CHRIST; ETC.

S'élançant fièrement sur des mers étonnées,
Que la rame avant eux n'avait point sillonnées.

Les Lusiades.

BRUXELLES

TYPOGRAPHIE ET LITHOGRAPHIE E. GUYOT

Rue Pachéco, 12

—

1898

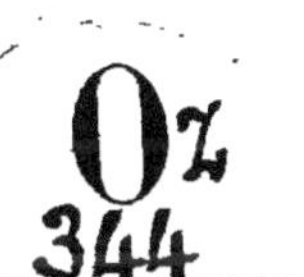

L'ÉPOPÉE MARITIME DES PORTUGAIS

VASCO DA GAMA ET LE CAMOËNS

L'ÉPOPÉE MARITIME

DES

PORTUGAIS

VASCO DA GAMA ET LE CAMOËNS

PAR

José Carlos de Faria e Castro

MEMBRE CORRESPONDANT DE LA SOCIÉTÉ DE GÉOGRAPHIE DE LISBONNE;
CHEVALIER DE LA MAISON ROYALE; DE L'ORDRE DU CHRIST; ETC.

S'élançant fièrement sur des mers étonnées,
Que la rame avant eux n'avait point sillonnées.
Les Lusiades.

BRUXELLES

1898

TOUS DROITS RÉSERVÉS

A SON ALTESSE

LE PRINCE ROYAL DE PORTUGAL

LOUIS-PHILIPPE, DUC DE BRAGANCE

A L'OCCASION DU

Quatrième Centenaire de la découverte de la route maritime de l'Inde

PAR LE

hardi navigateur portugais Vasco da Gama

Respecteux hommage
de l'Auteur

I. — **Suprême gloire.**

Des siècles ont en vain passé sur leur mémoire,
Le temps, loin de l'abattre a confirmé leur gloire.
Lusiades, VIII (1).

I.

Le plus beau souvenir de gloire qui reste à la nation portugaise, est celui de sa grande et mémorable initiative dans les explorations maritimes, qui ont fait passer le globe sous l'empire de la civilisation européenne.

Au moment où le Portugal entreprit ses premiers voyages de découvertes, il était dans tout l'éclat de son âge héroïque.

Habitants de cette zone maritime, autrefois appelée Lusitanie, qui borde à l'ouest, sur l'Océan, la côte de la Péninsule Hispanique, les Portugais avaient subi au VIIIe siècle la domination musulmane ; mais ce furent eux qui les premiers s'en affranchirent complètement.

Non contents d'avoir expulsé les Maures du territoire lusitanien, ils les poursuivirent au delà de la mer et portèrent, à leur tour, la terreur des armes chrétiennes sur les plages du Maghreb.

En 1415. le roi Jean Ier équipa une puissante flotte de 33 gros vaisseaux de ligne, 37 galères à trois rangs de rames, 32 à deux rangs et 120 bâtiments plus petits, montés par plus

---

(1) J'ai suivi et suivrai la traduction des *Lusiades*, de Camoëns, par Ch. Aubert. Paris, 1844.

de 20,000 hommes et lui-même, accompagné de ses trois fils aînés, se dirige vers le détroit de Gibraltar, tout droit, laissant la *misérable bourgade* de côté, et cingle vers Ceuta sur la côte d'Afrique. A la fin d'août de la même année la ville musulmane des sultans mérinides de Maroc devenait une place portugaise ; et la prise de Tanger, de Tétouan et d'autres places voisines du détroit suivit celle de Ceuta.

Ces expéditions armées sur le continent africain devinrent pour les Portugais l'occasion d'une longue suite d'explorations dans l'océan Atlantique. L'esprit aventureux de l'époque les avait commencées ; un prince éclairé les poursuivit, et le succès le plus complet les couronna. Dans l'espace de soixante-quatorze années, l'étendue tout entière de la côte occidentale d'Afrique fût reconnue, et la route maritime de l'Inde ouverte.

Un des grands problèmes de la géographie du monde était résolu.

> » Et bien, chercher des mers la dernière limite,
> » S'assurer quelle borne à l'homme y fût prescrite,
> » Quoi qu'il puisse en coûter d'efforts et de travaux,
> » Achever de nouer la ceinture des eaux,
> » C'est l'œuvre que nos rois dès longtemps ont rêvée,
> » Qu'ils ne quitteront plus qu'ils ne l'aient achevée (1).

Deux règnes, celui d'Emmanuel et celui de Jean III, dans une période relativement courte de soixante ans, ont vu se fonder, croître et prospérer par leurs commerces et leurs trésors, cet empire colossal et éblouissant auquel l'écrivain bien informé que nous suivons, attribue trente-deux mille kilomètres carrés de superficie avec vingt-neuf villes, capitales de province, beaucoup de populations très riches et trente-trois rois vassaux (2).

En moins de cinquante ans, les Portugais avaient découvert

---

(1) *Lusiades*, VIII.
(2) Emmanuel Godinho, célèbre voyageur du XVIIe siècle.

vingt mille kilomètres de côtes, et ils étaient devenus les maîtres du commerce par les trois océans ; l'Indien, l'Atlantique et le Pacifique. Vers l'an 1540, ils avaient formé des établissements considérables depuis les Moluques jusqu'au golfe Persique, dans une étendue de soixante degrés de longitude. Ils étaient les maîtres de la Guinée, de l'Arabie, de la Perse et des deux presqu'îles de l'Inde.

Ils régnaient aux Moluques, à Ceylan, dans les îles de la Sonde, et leur établissement à Macao leur assurait le commerce de la Chine et du Japon.

II.

Comme le souverain de Calicut (le Samorin), excité par les mahométans envieux qui, jusque-là, avaient eu le monopole du commerce, se montrait hostile aux Portugais, ceux-ci résolurent de fonder par les armes des établissements aux Indes. Cette entreprise difficile fût conduite avec tant de persévérance et de bravoure, qu'elle est digne d'être placée à côté des expéditions les plus grandioses de l'antiquité.

La conquête !... C'est précisément ce que le poète a exprimé dans ces vers :

>> Déjà sous leurs vaisseaux la mer Rouge est captive.
>> Ormus à leur pouvoir livre sa double rive.
>> Diu, que l'infidèle a deux fois assailli
>> Témoigne que deux fois leur cœur n'a point failli.
>> A voir comment ces murs ont tenu tête au More,
>> Mars lui-même est jaloux du peuple qui l'adore ;
>> Tandis que l'Africain, mortellement frappé,
>> Expire en maudissant son dieu qui l'a trompé...
>> Vois Goa, portugaise, étendre son domaine,
>> Et sur l'Asie au loin régner en souveraine.
>> Goa, qui porte ensemble et glaive et bouclier,
>> Du barbare inquiet contient l'effort guerrier,
>> Tandis que de ses coups l'incessante tempête

» Par l'effroi de son nom affermit sa conquête. »
» Ceci c'est Cananor. Vois-tu, pour l'accabler,
» L'Orient sous ses murs en armes s'assembler ?
» Tu croyais leur victoire et sa perte assurée :
» Elle a vaincu pourtant. La voilà délivrée
» Compte, à ce grand exploit quelques bras ont suffi.
» Calicut à son tour vous porte le défi ;
» Qu'il tombe, les destins il faut que l'œuvre avance.
» Voici que de Cochin part une autre espérance.
» Quel héros ! quels combats ! Où trouver une voix,
» Un poète et des chants pour de pareils exploits ? (1)

Ce n'est qu'à force d'héroïsme et d'habilité, à travers les périls de mille combats contre les peuples de l'Inde, mais surtout contre les Arabes, jusque-là seuls maîtres du commerce de cette riche contrée, et maintenant battus en brèche par le même ennemi aux deux extrémités les plus reculées de leur immense domaine, que les Portugais réussirent à fonder leurs premiers établissements dans l'Inde. Il ne fallut pas moins que le génie de deux hommes tels que le vice-roi François d'Almeida et son successeur le grand Albuquerque, pour ériger aussi rapidement, par des combinaisons militaires et politiques l'œuvre de puissance et de domination, vraiment prodigieuse, dont Goa devint le centre en 1510.

Ainsi tenus en respect, les princes de l'Inde furent obligés de s'incliner devant la suprématie de la couronne de Portugal.

III.

On lit ces mots d'une éloquence parfaite dans un beau livre d'un illustre savant géographe français moderne :

« L'expédition de Vasco da Gama, chantée par le Camoëns
» dans un poème qui est resté l'épopée nationale des Portu-
» gais, en a gardé pour nous un caractère héroïque qui s'est

______

(1) *Lusiades*, II.

» empreint dans l'histoire et domine nos impressions. Gama,
» Albuquerque, tous les personnages qui figurent dans cette
» première phase de la puissance portugaise, nous apparais-
» sent, à travers les trois siècles écoulés, sous des proportions
» qui appartiennent à la poésie encore plus qu'à l'histoire.
» C'est qu'en effet, au milieu même des excès, il y a dans la
» succession rapide des événements, dans la bravoure indomp-
» table des hommes, dans le mélange violent des ardeurs phy-
» siques, de la soif de l'or et du prosélytisme religieux, enfin
» dans l'expansion impétueuse, à travers les contrées immenses
» du sud de l'Asie et les grands archipels océaniens, d'un
» peuple qui tient une si petite place sur la carte de l'Eu-
» rope, il y a, disons-nous, dans cet étonnant spectacle de la
» fondation de l'empire portugais en Orient, quelque chose
» d'éblouissant et en même temps de chevaleresque, unique
» dans l'histoire » (1).

En effet, dans notre aperçu historique, nous ne séparerons
pas « le grand capitaine », qui a découvert la route maritime
de l'Inde, dont nous commémorons le *Quatrième Centenaire*,
de l'auteur des *Lusiades* le Camoëns !

L'immortel chanteur du peuple de Lusus et de Gama, restera
la plus grande gloire de la langue et de la terre portugaise, de
même que Vasco da Gama, restera une gloire illustre maritime
du monde entier !

Rendons donc au passé l'hommage, que l'admiration de ses
gloires justifie.

Sublimes et splendides ont été les destinées du Portugal,
dont son bras victorieux, conduit par la main qui élève et ren-
verse les empires a scellé, non seulement sur les champs de
bataille où il a défendu l'autonomie, mais aussi dans toutes les
parties du monde, où brilla la gloire de ses armes, sa navigation et ses découvertes.

Le Portugal et l'Espagne nous ont ouvert les deux battants

---

(1) M. Vivien de Saint-Martin, *Histoire de la géographie*, 1873.

de ce monde maritime, qui a doublé les éléments de richesse de la société moderne et quintuplé le domaine de la civilisation.

La nation portugaise, en particulier, peut revendiquer la gloire de l'initiative des voyages lointains, sur l'Atlantique, et des grandes explorations dirigées vers l'ouest et le sud. Sa mission a été d'établir les premiers rapports directs de l'Europe avec l'Inde, par la voie de l'Océan.

Ce n'est pas tout : la colonisation d'une moitié de l'Amérique du Sud est son œuvre. Si le Portugal, avant-poste maritime de notre continent, après avoir rempli cette mission providentielle, avec un succès égal à l'enthousiasme qui l'enflammait alors, n'en a lui-même profité que peu de temps, si la décadence a suivi de près sa rapide et brillante fortune, les découvertes de ses navigateurs n'en ont pas moins tourné à l'avantage du genre humain et déterminé, dans le monde, une révolution d'une immense portée. Un peuple qui se présente devant la postérité avec un pareil titre. est sûr, quels qu'aient été depuis ses revers, de conserver dans l'histoire une place d'honneur, que nul ne saurait lui contester sans ingratitude.

Un écrivain français de beaucoup de mérite a écrit les paroles suivantes :

« Maintenant que l'on n'étudie plus l'histoire des nations
» mû seulement par un vain esprit de curiosité, maintenant
» que l'on demande à chaque peuple ce qu'il a fait dans le
» grand mouvement intellectuel du XVIᵉ siècle, pour lui
» assigner sa part de gloire ou de blâme, on sera peu surpris
» que j'aie insisté dans cette notice, comme je vais le faire,
» sur les temps où l'Inde fût mise pour la première fois en
» rapport direct avec l'Europe ; car il ne faut pas se le dissi-
» muler, la gloire éternelle du Portugal dans les siècles, ce
» sera d'avoir commencé cette grande initiation, ce sera
» d'avoir brisé avec le glaive l'obstacle qui s'était si longtemps
» opposé aux conquêtes pacifiques de l'intelligence, ce sera

» enfin, pour nous servir des expressions d'un poète, d'avoir
» livré le premier les clefs de ce monde divin qui a étendu
» sans limites les bornes de l'horizon intellectuel » (1).

Voilà l'histoire sans mélange — prodigieuse histoire! — de
notre petit Portugal, de notre glorieuse race! Il faut le dire
que le désir d'illustrer la patrie est toujours un mérite, même
si le talent ne répond pas à la grandeur du sujet. En général.
les difficultés de notre tâche ont été bien grandes et ne nous
permettent pas de nous dissimuler les imperfections de ce
travail.

Puisse-t-il ne pas rencontrer de juges trop sévères. Et
puissions-nous, dans les humbles limites de cet aperçu historique, avoir présenté dignement cette page d'or de si glorieuse
mémoire à tous les Portugais, dans l'histoire de la Terre et
du Monde.

---

(1) Ferdinand Denis, voyageur et littérateur. Voyez le Brésil et le
Portugal, dans la collection de l'*Univers pittoresque* (1837 et 1846).

II. — Les Lusiades.

Lusiades, I.

IV.

Les actions viriles sont filles des traditions.

Les traditions donnent de la vigueur à l'homme. Elles leur inspirent de nobles sentiments. Elles stimulent les vertus de la famille et leur servent d'étoile polaire. Elles honorent les nations. Elles en sont la gloire et l'exemple. Ainsi, l'âme virile de l'homme entreprenant (qu'il soit explorateur, marin, guerrier), se forme par la tradition. Il doit savoir par quelle sorte de vertus il peut remplir sa tâche.

Vasco da Gama et les Portugais de la découverte et de la conquête de l'Inde sont tous braves marins, ou hardis soldats; ils ont laissé beaucoup d'exemples de ces vertus. Il importe de conserver ce trésor moral et de préparer l'avenir avec ce legs du passé.

Célébrer les hommes illustres est donc un devoir. Non seulement un devoir, mais aussi un service public. Parler et écrire en louant ceux qui, dans l'accomplissement de leurs devoirs envers leur souverain et leur patrie, se sont surpassés par des actions de la plus sublime fierté martiale, ne doit pas être regardé comme une chose sans valeur, surtout à une époque dont l'indifférence, présage d'abaissement, révèle à

quel point nous vivons oublieux de la noble et indomptable
énergie de nos aïeux ; — les Portugais célèbres des anciens
temps.

> » Quels hommes ! quels travaux ! de quels puissants efforts
> » Ils ont payé l'honneur de visiter ces bords ! ». (1)

— *Les Lusiades !... Les Lusiades !...*

C'est dans ce livre d'un des plus grands poètes du monde,
du plus grand poète portugais, c'est dans *Les Lusiades* de
Camoëns qu'on trouve la première histoire du Portugal.
Camoëns a été l'historien épique de son pays, à la manière
immortelle de Virgile, et *Les Lusiades* est une épopée belle
et nationale comme l'*Énéide*.

Ce que les autres historiens portugais, Galvam, Pina, Barros,
Couto, Goes, Castanheda, ont éloquemment raconté en prose,
Camoëns l'a mélodieusement consacré en vers.

Voyons, par exemple, les paroles du Samorin à l'arrivée de
Gama à Calicut en 1498 :

> — Mais quoi ! « Noble étranger, dit-il, fais-moi connaître
> » Quel pays est le tien, quel climat t'a vu naître.
> » Du peuple portugais montre-moi le berceau ;
> » Quels destins eût d'abord cet empire si beau :
> » Quels combats, quels dangers, accueillant sa naissance,
> » Ont, dès les premiers pas, préparé sa puissance.
> » Et toi qui, sur les mers consumant tant d'efforts,
> » Des peuples de l'Afrique as visité les bords,
> » Étudiant leurs lois, observant leurs usages,
> » Trace-moi les détours, nomme-moi les rivages
> » Par où le ciel enfin, pour toi propice et doux,
> » Après tant de travaux t'a conduit jusqu'à nous ». (1)

Dans la poésie épique moderne, Camoëns est en Portugal ce
que Tasse est en Italie et Milton en Angleterre.

---

(1) *Lusiades*, II.

Les Lusiades! Qu'est le sujet de ce livre? Est-ce une guerre fabuleuse, ou une querelle de héros, ou le monde en armes pour une Hélène, comme l'*Iliade?* Ou n'est-ce pas les aventures d'un Ulysse, comme l'*Odyssée?*

Nullement. Cependant, c'est un poëme tout à fait homérique.

Le fond des *Lusiades* est une nouvelle espèce d'épopée qui célèbre la découverte héroïque et merveilleuse de l'Inde par la navigation portugaise. Le poète conduit la flotte, sous les ordres de l'illustre Vasco da Gama, à l'embouchure du Gange ; il décrit en passant les côtes occidentales du midi et l'orient de l'Afrique, et les différents peuples qui vivent dans ces contrées jusqu'alors inconnues. Il y entremêle patriotiquement l'histoire du Portugal. Il y appelle sur ses chants l'attention du jeune roi son maître, en lui disant notamment ceci :

« Ecoute, ce n'est point, comme aux bords étrangers,
» Un insipide amas de récits mensongers,
» Rêves de leur orgueil, fantastiques images
» Appuyant leur néant sur le lointain des âges.
» Là d'un éclat solide empruntant sa beauté,
» Partout à tes regards brille la vérité.
» C'est le fier Pachéco, c'est Castro l'intrépide,
» C'est Egaz, c'est Nuno, l'un et l'autre Almeïde,
» C'est Albuquerque, enfin mille autres, dont l'orgueil
» Brave à bon droit la nuit et l'oubli du cercueil » (1).

L'amour de la patrie, et la fierté de ses gloires inspirèrent sa verve, et imprimèrent à chacun de ses chants et en chacune des octaves de ses *Lusiades* la physionomie nationale qui a rendu ce poème inhérent au pays.

Nous aimons à restaurer en quelque sorte ces temps de moyen âge et de renaissance, qui nous semblent pleins de grandeur et d'utiles instructions : or, quel homme s'y présente

______

(1) *Lusiades*, I.

avec une physionomie plus imposante que Camoëns avec son héros — VASCO DA GAMA —, quel peuple avec un caractère plus héroïque et plus aventureux que les Portugais, et quelle époque plus intéressante que celle où la fortune longtemps prodigue pour eux de ses faveurs, va les leur retirer tout à coup? Est-il un moment plus critique dans l'histoire d'une nation, et entre tous les peuples du monde en est-il un plus vivace et plus indompté, plus entreprenant et plus intrépide? Est-il une existence plus chevaleresque et plus passionnée? Mais c'est surtout dans cette œuvre laborieuse de la découverte et de la conquête de l'Inde, que le peuple portugais se montre admirable.

Quelle ardeur dans l'entreprise et quelle vigueur dans l'exécution! *Vicit quicquid erat*, « il triompha de tout. »

Le cap des Tempêtes est devenu le cap de Bonne-Espérance pour Vasco da Gama qui, s'avançant hardiment à l'est de l'océan Atlantique, va aux Indes Orientales en tournant l'Afrique : c'est la réalisation de la pensée de l'Infant dom Henrique, de l'action énergique du roi Jean II, et d'une chance heureuse du roi Emmanuel.

> « Le dirai-je? C'est là que le destin les guide.
> » Oui, le destin l'a dit : Cet océan lointain
> » Que le soleil éclaire et colore au matin,
> » Longtemps des Portugais reconnaîtra l'empire » (1).

Vicit quicquid erat « il triompha de tout. »

. . . .

Cette immortelle expédition venait de changer le commerce de l'ancien monde.

Le bruit s'en répandit bientôt dans toute l'Europe et mit le comble à la gloire que les découvertes précédentes des Portugais leur avaient méritée. Quelques années plus tard, un poète

______

(1) *Lusiades*, I.

2

hors ligne, chanta, dans un poème immortel ; la découverte et la conquête de l'Inde, cet exploit fameux de nos ancêtres !... — les Portugais célèbres des anciens temps ! Camoëns avait dit :

> « Voilà ce que ma voix annonce à l'univers ;
> » Voilà ce que sauront éterniser mes vers » (1).

En effet, l'épopée maritime des Portugais a passé à la postérité.

____

(1) *Lusiades*, I.

III. — L'Inde.

V.

L'Inde, aux yeux des peuples anciens de l'Europe et de l'Asie antérieure, était le pays par excellence des richesses immenses, des trésors accumulés.

C'est de là que venaient les joyaux précieux, les étoffes somptueuses, les parfums et les épices.

Une auréole prestigieuse entourait le nom du pays du divin Bacchus, dont les philosophes faisaient le berceau de la sagesse humaine.

Tous les conquérants anciens, depuis Cyrus jusqu'aux empereurs romains, rêvèrent la conquête de cette terre magique.

Lorsque l'islamisme envahit l'Asie et éleva entre l'Europe et l'Inde une barrière infranchissable, les peuples occidentaux cherchèrent à se frayer une nouvelle voie vers cette terre des merveilles.

C'est ainsi que Christophe Colomb poussa ses navires à travers l'Atlantique et crût avoir atteint le but en touchant les îles américaines, que nous appelons encore Indes occidentales ; c'est à cette confusion que nous devons la regrettable application du nom d' « Indiens » aux indigènes des deux Amériques.

Pendant que Vasco da Gama, doublant la pointe africaine trouvait la vraie route de l'Inde, les Hollandais, dit-on, la cherchaient au nord du continent asiatique.

Les peuples de l'Inde ont été fameux dès la plus haute antiquité par leur science, leur sagesse, leurs principes religieux, que plusieurs philosophes des régions occidentales vinrent étudier. Précisant la période de cette vaste histoire, un écrivain français de mérite écrit : « Après l'apparition du Bouddha, à partir d'Alexandre le Grand, l'Arya hindou semble énervé par le climat. Il dit avec le proverbe arabe : « Mieux vaut être assis que debout, couché qu'assis, mort que couché. »

» Au VIIIe siècle arrivent les cavaliers arabes, déjà maîtres d'une partie du monde ancien ; ils cherchent à imposer à l'Inde leur religion, et avec elle leur esprit écourté, emphatique et sans profondeur. Ils ne réussirent pas comme dans l'Asie occidentale et dans le nord de l'Afrique, et la péninsule resta polythéiste.

» Au XVe siècle, un descendant de Tamerlan fonda le célèbre empire mahométan de Delhi dont l'Europe se faisait conter avidement les merveilles.

» L'empire du Grand Mogol disparut à son tour, et après les Portugais, les Hollandais, les Français, l'Angleterre prit la prépondérance dans l'Inde, puis s'empara définitivement du pays. De nos jours tout ce que les Anglais n'y possèdent pas directement leur appartient réellement sous une vaine apparence d'autonomie » (1).

Voilà la terre merveilleuse, la mère de toute la civilisation, le berceau prédestiné de l'idée progressive, qui devait se conserver, mais d'où elle rayonna pour venir acquérir la virilité, dans ces sévères climats de l'Europe.

----

(1) Onésime Reclus.

IV. — Gama est désigné pour conduire l'expédition de l'Inde.

VI

Sous le roi Jean II de Portugal, le hardi navigateur Bartholomeo Dias, avait couronné par la découverte du *Cap de Bonne-Espérance* (1486), la longue série d'explorations que depuis soixante-dix ans le Portugal poursuivait sur les côtes occidentales d'Afrique.

Animé aussi du désir de pousser au delà de ce fameux *Cap* les découvertes commencées par le prince Henri le Navigateur, le roi Emmanuel, en montant sur le trône, en 1495, se hâta de proposer au conseil de ses ministres, et de faire adopter les mesures nécessaires à l'accomplissement de ce dessein.

> « Digne de ses aïeux et de leur renommée,
> » Son génie adopta leur œuvre bien-aimée.
> » Agrandir le pays qui leur donna le jour,
> » Voilà le seul dessein que nourrit son amour » (1).

Il ne manqua pas d'opposition à ce projet, en exagérant de prétendus dangers, et en prouvant qu'il était insensé de chercher des contrées qui n'existaient pas...

Mais la constance des monarques portugais l'emporta. La découverte du cap de Bonne-Espérance avait indiqué la route maritime de l'Inde, à Jean II et à Emmanuel.

____

(1) *Lusiades*, IV.

Le conseil délibéra.

« Que le prince use de son pouvoir » (1).

Celui que Camoëns a surnommé l'*Achille* de la Lusitanie, ce grand homme qui a asservi une des plus belles cités de l'Inde, Duarte Pacheco nous a initiés, dans un livre seulement trouvé dans ce siècle, à tous les préparatifs de cette grande expédition. C'est là qu'il faut étudier le secret d'une réussite presque miraculeuse; c'est là qu'on surprend dans ses minuties prévoyantes une volonté qui ne dévie point, et dont un roi plus heureux doit recueillir les efforts.

> « Et qu'à sa voix bientôt une escadre intrépide
> » Aille chercher ces bords où le destin les guide,
> » Et ces cieux qui déjà reconnaissant leurs droits,
> » D'avance à leur valeur promettent tant d'exploits » (1).

L'expédition secrète qui fût confiée à Pero da Covilhá et à son compagnon Paiva, les instructions très raisonnées que reçurent ces voyageurs, tout nous prouve avec quelle sollicitude le prédécesseur du roi Emmanuel tournait ses regards vers l'Inde; le désir d'attacher son nom à une telle découverte s'était si vivement accru chez lui, que la grande expédition par Gama fût résolue, dit-on, sous son règne.

Mais si Jean II était le *Prince Parfait*, comme le peuple aimait à l'appeler, le roi Emmanuel fût le *Prince Heureux* par excellence, et ce fût sous son règne que s'accomplit la navigation qu'on inscrivit tout d'abord au rang des grands événements du siècle.

> « Aussi quand de l'empire il saisit l'héritage,
> » Il comprit quel laurier entrait dans son partage;
> » Et ne vit dans ce sceptre, aux mains des rois si doux,
> » Que l'immense Océan à conquérir pour nous » (1).

----

(1) *Lusiades*, IV.

Quoiqu'il en soit. Emmanuel choisit pour l'exécution de cette entreprise, un brave gentilhomme de Sines, alors âgé de vingt-huit ans, qui se recommandait à la confiance du monarque par des études spéciales fort approfondies, et par l'habileté qu'il avait montrée dans plusieurs négociations fort importantes.

L'éducation du jeune Vasco fût aussi complète qu'elle pouvait l'être à cette époque. Il étudia principalement les mathématiques et lut les cosmographes.

Plus tard l'historien Barros et le poète Camoëns ne trouveront pas d'expressions assez fortes, d'images assez vives pour colorer tant de souvenirs et pour raconter ce mémorable voyage qui clôt si dignement le xve siècle (1).

ÉQUIPEMENT DE LA FLOTTE.

> Vaisseaux trop fortunés ! Un jour ces mêmes cieux
> Les reverront briller en astres radieux,
> Et, comme Argo, redire, éclatantes étoiles;
> Sur quels flots inconnus ils ont enflé leurs voiles.
>
> *Lusiades*, IV.

VII.

On arma une flottille composée de quatre bâtiments : le *Saint Gabriel* et le *Saint Raphaël*, navires déjà construits par Jean II, d'un tonnage de cent à cent vingt tonneaux; d'une caravelle achetée à un individu du nom de Berrio, qui prit son nom, et d'un vaisseau de deux cents tonneaux de tonnage, exclusivement destiné au transport des vivres et des munitions.

Le *Saint Gabriel*, le vaisseau-amiral, qui portait l'illustre Vasco da Gama, avait pour pilote Pero de Alemquer, le même

------

(1) Voyez Barros, Castanheda, Gaspar Correia, Goes, Maffei, Ramusio.

marin qui s'était distingué sous le commandement de Bartholomeo Dias, pendant la mémorable expédition de la découverte du Cap de Bonne-Espérance en 1486; et pour secrétaire, qui en ce temps occupait le troisième rang à bord, Diogo Dias, frère du précédent.

Le *Saint Raphaël*, commandé par Paul da Gama, frère de Vasco da Gama, avait pour pilote Jean de Coïmbra, et pour secrétaire Jean de Sá; le *Berrio* ou *Saint Michel*, aux ordres de Nicolas Coelho, avait pour pilote Pedro Escobar, un explorateur très expérimenté, et pour secrétaire Alvaro de Braga. C'était un serviteur de la maison des Gama, appelé Gonçalo Nunes, qui dirigeait le gros vaisseau des provisions : il avait reçu ordre d'anéantir ce vieux bâtiment à l'anse de Saint Blaise, au delà du Cap, où avait été déjà Dias. Il fallut répartir les matelots et les approvisionnements qui restaient entre les autres embarcations.

Cette flottille de guerre était montée par cent soixante hommes ! De ces 160 qui partirent pour l'Inde et desquels seulement 55 sont retournés en Portugal, 30 à peine survécurent dans l'histoire, où leurs noms restèrent inscrits : les autres 130 noms, ne sont pas arrivés à la postérité.

EMBARQUEMENT ET LES ADIEUX.

> « L'Océan nous appelle, et courant vers le port,
> Lisbonne tout entière en inonde l'abord.
> D'un parent, d'un ami chacun veut, sur la plage,
> Par un dernier adieu raffermir le courage... »
>
> *Lusiades*, IV.

VIII.

Tout était déjà prêt; c'était le 7 juillet 1497, un vendredi, lorsque Vasco da Gama, son frère Paul et le pilote Nicolas Coelho vinrent veiller dans la chapelle de Notre-Dame de Bélem, à Restello, à l'endroit même où plus tard fût érigé le temple majestueux de Sainte-Marie de Bélem, au bord du Tage.

Cette chapelle à la vue si modeste, construite par ordre du prince Henri le Navigateur, se dressait triste et isolée sur le rivage, et était destinée aux nouveaux marins pour y venir avant leur départ, implorer le secours du ciel.

Le jour suivant, une foule compacte s'assembla à Restello.

Le roi Emmanuel y parut et des prêtres vinrent y dire la messe ; puis les navigateurs, ayant chacun d'eux un cierge à la main, et marchant dévotement en procession vers le fleuve, se dirigèrent vers les embarcations. La solennité religieuse ajoutait sa majesté à cet acte déjà si imposant par lui-même.

La foule amassée sur la plage pleurait à chaudes larmes.

Combien de ceux qui partaient ne reviendraient plus et ne reverraient jamais la terre de la patrie? Quel sort les attendait dans les contrées lointaines qu'ils allaient découvrir ? Arriveraient-ils au terme de leur aventureuse entreprise? Le roi prit place dans une chaloupe, et s'avança jusqu'aux vaisseaux de l'expédition pour assister au départ.

Le signal attendu retentit enfin ; les navires, levant l'ancre, portèrent la proue au couchant ; la foule de la plage envoya dans une voix étouffée d'angoisse et d'espérance un indescriptible adieu ; les matelots répondirent avec un gai salut de départ ; et la flotte de Gama, sillonnant les eaux du Tage, que le soleil de juillet inondait de lumière, naviga fièrement vers l'embouchure.

> « Le monde alors voyait l'astre heureux qui l'éclaire
> » Des ardeurs du lion embrasser l'atmosphère.
> » Depuis qu'à ses désirs un sauveur était né,
> » Quatorze fois pour lui le monde avait tourné :
> » Le cercle commencé de nouveau s'allait clore,
> » De quatre ans seulement il s'en fallait encore :
> » Enfin quatorze cent quatre-vingt-dix-sept ans,
> » Quand la flotte partit, formaient l'âge du temps » (1).

____

(1) *Lusiades*, V.

O âme portugaise ! bon voyage pour l'histoire, voyage bénit pour ce peuple d'une poignée d'hommes !

« Nous partons, nous quittons notre port bien-aimé,
» Et ces cris, du départ signal accoutumé,
» Ces derniers cris : « Adieu, rivage, adieu, patrie ! »
» Lui portent les regrets de notre âme attendrie.
» La voile, obéissant au bras qui la conduit.
» Du haut des mâts géants se déroule à grand bruit,
» Se gonfle doucement d'une paisible haleine :
» Le vaisseau, maître enfin de la liquide plaine,
» S'ébranle ; et balançant ses agrès dans les airs,
» De son bruyant airain laboure au loin les mers » (1).

La flotte disparaissait à l'horizon ; sur les derniers regards de nos illustres compatriotes vers la terre natale. Camoëns donna cette peinture si fraîche et si vivante que voici :

« Par degrés cependant le rivage s'efface,
» Le Tage à l'horizon montre à peine sa trace ;
» Du pont de nos vaisseaux qui sillonnent les mers
» Nous cherchons de Cintra les sommets toujours verts ;
» Adieu, riant séjour, frais coteaux, bois si sombres ;
» Déjà notre œil de vous ne saisit que des ombres ;
» Nous y fixons du moins des regards obstinés ;
» Nos regards et nos cœurs y restent enchaînés.
» Tant d'objets adorés que garde cette rive
» Tiennent longtemps notre âme autour d'elle captive :
» Enfin tout disparaît, et le ciel et les flots
» S'offrent seuls désormais aux yeux des matelots » (1).

Vasco da Gama avait une carte où étaient tracées les découvertes antérieures, le journal du célèbre voyageur en Orient Pero da Covilhá pour le diriger dans la mer des Indes, et des

____

(1) *Lusiades*, V.

lettres du roi Emmanuel pour le Négus d'Abyssinie et le Samorin de Calicut, auxquels Corvilhá avait déjà fait connaître le nom portugais (1).

VOYAGE JUSQU'AU CAP.

IX.

Le peuple de Lusus, s'en était allé en quête de nouvelles terres lointaines.

> « Bientôt nous arrivons à ses îles fameuses
> » De notre grand Henrique conquêtes glorieuses » (2).

On doit particulièrement au prince Henri le Navigateur, la découverte des trois archipels de Madère, des Açores et du Cap Vert.

Le 15 juillet, la flotte arriva à la hauteur des Canaries, et bientôt après elle eut devant elle le Rio do Ouro.

Le 23, on arriva à l'île du Sel, et le 27 à l'île de Saint-Jacques, toutes deux dans l'archipel du Cap Vert. Dans ce dernier endroit la flotte se munit de provisions et d'eau. Elle repartit le 3 août.

> « Nous franchissons, aidés du vent qui nous seconde,
> » Ce terrible équateur qui partage le monde » (2).

Le 4 novembre, quatre mois après le départ de Lisbonne, on mouillait dans une baie qui s'ouvre à l'extrémité méri-

---

(1) Vasco da Gama, qui le premier aborda dans l'Inde par la voie maritime du Cap de Bonne-Espérance, paraît avoir eu déjà pour précurseur dans cette région, ainsi que sur la côte de Mozambique, un de ses compatriotes Pero da Covilhá, qui y était parvenu dix années plus tôt, par l'itinéraire de l'Egypte et de la mer Rouge.

(2) *Lusiades*, V.

dionale de la côte africaine, à deux degrés seulement avant le Cap, et qui a gardé le nom de baie de Sainte-Hélène que lui donna Gama.

Jusqu'ici, la traversée se fit sans difficulté et sans accident, sauf bien entendu ceux qu'un voilier peut subir en mer. Le poète les a précisés dans ces vers :

« Là, tantôt malgré nous le calme nous arrête,
» Tantôt aux cris d'Eole y rugit la tempête.
» Mille accidents, enfants de ces flots tourmentés,
» Dérangent les desseins par notre art concertés » (1).

Il eût fallu nommer ici l'Astrolabe, découverte récente des Portugais, que Camoëns enregistre ici avec soin.

« On aborde, on s'élance, on brûle de connaître
» Tant d'objets merveilleux qui vont nous apparaître.
» Moi seul, un autre soin retient encore mes pas :
» Sur la plage, entouré de cartes, de compas,
» Je demande au soleil d'accord avec Neptune,
» De m'instruire en quels lieux m'a conduit ma fortune :
» Du Capricorne ardent le cercle était franchi :
» Bien loin vers les frimats dont son pôle est blanchi
» Vers ces lieux dont nul œil n'a percé le mystère,
» Nous avions pénétré dans l'austral hémisphère » (1).

A la baie de Sainte-Hélène, Gama fût blessé à la jambe par les indigènes. C'est le sujet de l'épisode de Velloso, ce type du soldat fanfaron, si plaisamment décrit par Camoëns. A 16 kilomètres de cette baie, les navigateurs portugais ont trouvé une rivière qu'ils appelèrent le San-Thiago.

Le 16 novembre, qui était un jeudi, ils levèrent l'ancre et poursuivirent leur route.

------

(1) *Lusiades*, V.

ADAMASTOR (1).

X.

Dans la journée du 19 novembre, les Portugais aperçurent le cap ; le géant Adamastor se dressait de nouveau au milieu des eaux, cherchant à défendre, contre les hardis marins, le monde dont la garde lui avait été confiée par tant de siècles.

> » Là tu vois, entouré de formidables eaux,
> » Ce cap que, les premiers, ont franchi tes vaisseaux » (2).

Durant trois jours les pilotes portugais s'efforcèrent de tenter le passage du cap des Tourmentes sans y réussir, car les vents contraires les faisaient constamment rebrousser chemin : le cap des Tempêtes se cramponnait à son ancien nom, et voulait le justifier ; la magnifique fiction de Camoëns avait sa base dans la réalité.

> « Immense, il n'offre aux yeux qu'un énorme contour,
> » L'orage sur son front a fixé son séjour.
> » Son poil est hérissé, ses cheveux sur sa tête
> » Dressés et menaçants provoquent la tempête » (3).

Elle les repoussait constamment. La flotte fût le jouet des courants : cette flotte, qui portait la fortune de la patrie et l'avenir de la civilisation !

––––––––––

(1) « *Adamastor* ou le *géant* des tempêtes, personnage fictif des *Lusiades* et peut-être la plus hardie, la plus magnifiqne évocation que nous offre la poésie épique. Camoëns suppose qu'au moment où Vasco da Gama va franchir le cap des Tempêtes, appelé depuis *cap de Bonne-Espérance*, un géant, le gardien de ce cap, se dresse devant lui pour l'empêcher d'aller plus loin. » (Pierre Larousse, *Dictionnaire*.)

(2) *Lusiades*, X.

(3) *Lusiades*, V.

« Soudain monte un nuage au-dessus de nos têtes,
» Nuage épais, immense et tout noir de tempêtes,
» Tel que seul aspect nous a glacés d'horreur.
» L'onde sent sa présence et mugit de fureur.
» On croit entendre au loin parmi son bruit sauvage
» La vague qui s'irrite en battant un rivage » (1).

Et justifiant son nom d'Adamastor, le magnifique symbole créé par l'imagination du poète, s'élevait des brouillards qui enveloppaient le cap de Bonne-Espérance.

Il dit alors :

« — Je suis Adamastor, un de ceux dont l'audace
» De l'Olympe jadis a bravé la menace,
» Non que, comme eux, au ciel préparant des affronts,
» Sur des monts entassés j'aie entassé des monts » (2).

.   .   .   .

Le 22 novembre 1497, à midi, la flotte de Gama doublait le redoutable *cap* et Adamastor fût vaincu. Voici son aspect dépeint par Camoëns :

« Ses traits sont ceux d'un être envieux et jaloux,
» Son œil ardent et cave accuse un long courroux.
» Son teint pâle et terreux, le limon qui le souille.
» Sa lèvre noire, enfin jusqu'à l'épaisse rouille
» Qui de sa dent livide a terni la blancheur,
» Tout frappe, tout en lui révolte et fait horreur » (1).

En attendant que les braves navigateurs entraient dans cette mer orientale qui devait les conduire à cette Inde tant désirée, la fiction du poète va jusqu'à faire Adamastor prononcer ces mots d'une sublimité poétique :

« Peuple que nul repos n'a jamais endormi,
» Dit-il, peuple intrépide entre ceux que la terre
» Vit jamais s'illustrer dans les champs de la guerre,

______

(1) *Lusiades*, V.
(2) *Lusiades*, X.

» Qui sans cesse aspirant à des exploits nouveaux,
» Mets lauriers sur lauriers, et travaux sur travaux,
» Puisqu'outrageant les flots confiés à ma garde,
» Jusqu'ici, malgré moi, ton orgueil se hasarde,
» Puisqu'il te faut des mers où jamais étranger,
» Africain même encor n'ait osé s'engager ;
» Abusant de l'audace ainsi que du génie,
» Des secrets qu'aux mortels la nature dénie
» Puisque tu viens ici percer la profondeur
» Des périls où tu cours apprends donc la grandeur.

. . . .

» — Le monstre ainsi du sort nous annonçait la loi,
» Quand cédant au courroux qui me transporte : « Et toi,
» Qui donc es-tu, lui dis-je, et qui t'a donné l'être,
» Toi dont l'étrange aspect m'impose trop peut-être?

. . . .

» Je suis un cap terrible, et non une vaine ombre.
» Je suis ce cap maudit, dont vous lisez le nom
» Dans l'orage éternel suspendu sur son front,
» Car nul, aux anciens jours, ou savant ou poète,
» N'a connu, n'a nommé le cap de la tempête » (1).

Voilà cet épisode d'Adamastor, où les commentateurs des
Lusiades ont vu des personnifications de tout genre. Il n'y a
en réalité que celle des obstacles formidables par lesquels la
nature a limité de toutes parts le pouvoir de l'homme, et qu'il
ne franchit jamais sans grand péril. Qu'aurait donc pu dire
Camoëns qui a si bien décrit la lutte de l'homme contre les
éléments, de la vapeur, de l'électricité, de l'aérostation, des
désastres qu'elles ont coûtés, aux nouvelles générations?

----

(1) *Lusiades*, V.

V. — Gama sur la mer australe.

Nous cherchons, aux lueurs d'un incertain espoir,
Ces merveilleux chemins qu'aucun œil n'a pu voir.
Lusiades, V.

XI.

Le 25 novembre la flotte jeta l'ancre à l'anse de Saint-Blaise. La mer se calma après le passage du cap, et la flotte sillonnait la mer le long de la côte, prenant plaisir au luxuriant panorama de cette contrée, habitée par des peuples pasteurs, dont les troupeaux paissaient le long des montagnes, qui baignaient dans la mer leurs côtes verdoyantes.

Gama y séjourna treize jours ; il y brûla le gros vaisseau des approvisionnements, et y laissa sur la plage un pilier surmonté d'une croix.

Ce pays était riche en éléphants. de même qu'en bœufs magnifiques.

La flotte partit le 7 décembre de l'anse de Saint-Blaise, mais vu le temps calme, elle fût obligée de mouiller à huit kilomètres en avant, et ne repartit que le 8. Le 12 elle fût assaillie par une impétueuse tempête qui sépara les navires ; il fallait allumer les feux à bord pour se diriger dans l'épais brouillard.

Le 15 les Portugais furent portés vers les Ilots Plats, où ils abordèrent : ces ilots se trouvaient à vingt kilomètres au delà de l'Ilot de la Croix, où Dias avait planté son dernier pilier, en 1486.

Le 25 décembre la flotte relâcha sur un point de la côte que

Gama nomma le *Natal* (à cause de la fête de Noël), nom qui est resté jusqu'à ce jour, à cette partie du continent africain.

Dans les relâches que l'on avait faites depuis le cap, on avait eu avec les indigènes des relations plus ou moins amicales ; et les Portugais avaient été frappés de la différence absolue des deux races qui s'y succèdent, les Hottentots et les Cafres.

> « Tandis que sur son sort discutaient les dieux,
> » La flotte s'avançait d'un cours victorieux.
> » D'abord suivant au sud l'Afrique et son rivage,
> » Vers l'aurore depuis elle a trouvé passage,
> » Et ses hardis vaisseaux s'engagent maintenant
> » Entre Madagascar et l'étroit continent,
> » Voyage périlleux, où d'une onde infidèle
> » Les chemins, les écueils, tout est nouveau pour elle » (1).

A cette flotte mémorable, l'hiver apportait tout son cortège d'orages et de tempêtes ! Le temps qui s'écoula entre le départ du Cap et l'apparition d'une terre habitée fut terrible pour son équipage. Ne voyant plus maintenant le dernier signe de leurs prédécesseurs, les navigateurs portugais s'élançaient dans l'inconnu et les plus courageux se déconcertaient pensant qu'ils allaient braver des mers orageuses et terribles.

L'hiver justifia leur terreur, déchaînant toutes ses tempêtes. Les navires emportés à la merci des courants perdaient le rhumb et ne savaient où la tempête les jeteraient. Jouet des courants, la flotte de Gama était balottée en avant et en arrière. Mais la résolution de l'illustre chef de l'expédition, était inébranlable. S'élançant de nouveau, la flotte avait changé de direction et cinglait tout à fait vers le nord.

----

(1) *Lusiades*, I.

XII

Gama remonte la côte en se portant vers l'équateur.

« Soudain, ô douce vue, ô ravissant tableaux !
» Par qui sont trop payés les caprices des flots.
» Heureux moments pour ceux qui sur l'onde en furie
» A quelques ais mal joints ont confié leur vie.
» Moments qui, malgré nous, font renaître l'espoir
» Au cœur désormais n'en voulait plus avoir !
» La terre ! On l'aperçoit sur les ondes salées,
» L'œil distingue déjà ses coteaux, ses vallées,
» Un grand fleuve y descend aux mers, et sur ses eaux,
» De loin l'œil voit aller et venir des vaisseaux » (1).

Les Portugais distinguèrent le 10 janvier 1498, alors, l'embouchure d'une rivière dont les eaux se jetaient dans l'océan. Henry Major, écrivain anglais de grande renommée (2), prétend que cette rivière était l'Inhambane, mais Gama l'appela rivière de Cuivre, parce que les Cafres, qui habitaient sur ses rives, paraissaient avoir un grand amour pour ce métal. Tout autres que les timides Hottentots, les nègres de cette région étaient arrogants, robustes et bien armés de zagaies et d'arcs.

Les Portugais vécurent en bonne amitié avec les Cafres, leur faisant beaucoup de présents, surtout d'habits rouges qui faisaient leurs délices, et reçurent en revanche de la volaille et du cuivre.

XIII

Le 22 janvier 1498, Gama aborda à l'embouchure d'une autre rivière ; c'était le Quilimane.

Les habitants empressés coururent sur leurs propres canots pour voir de près les navires de Gama. Les Portugais commen-

---

(1) *Lusiades*, V.
(2) *Life of the prince Henry.*

cèrent à pressentir quelques signes de commerce, ce grand
agent de la civilisation. Gama se sentait plus rapproché des
riches contrées qui motivèrent son voyage. Il y séjourna trente-
deux jours, réparant ses embarcations et faisant reposer tout
son monde. repos bien mérité après un si long et pénible voyage.
Malheureusement une maladie que les marins n'avaient proba-
blement pas éprouvé jusqu'à ce jour, le scorbut, attaqua un
grand nombre de matelots et en enleva quelques-uns. L'auteur
des *Lusiades*, qui a saisi, avec un admirable esprit d'observation, les moindres détails de cette navigation mémorable, nous
a laissé une peinture frappante des progrès de ce mal et de la
terreur qu'il inspira aux Portugais.

> « Nous l'apprîme bientôt. Un fléau plein d'horreur
> » Vint sur mon équipage exercer sa fureur.
> » Nul d'un si triste aspect n'épouvante la vue
> » Nul ne sait à ce point torturer ceux qu'il tue » (1).

Sur une des rives du Quilimane, Gama érigea un pilier,
venant du vaisseau de son frère Paul : il le nomma Saint-
Raphaël, du nom de ce navire qui le portait depuis Lisbonne :
— car les Portugais, réalisant ce que la tradition raconte de
Sésostris et d'autres conquérants antiques, dressaient une
colonne en pierre aux armes royales (*Padráo*) à chaque point
important qui marquait un progrès dans leurs explorations.

Négociant activement avec les Portugais, ce peuple révélait
évidemment la proximité de terres civilisées de l'Inde, qu'ils
cherchaient avec tant de persévérance.

> « Ainsi ces flots vers l'Inde ont des sentiers connus ;
> » Aux mers que nous cherchions nous voilà parvenus.
> » Pour ceux par qui ces bords viennent de nous l'apprendre
> » Nos vœux reconnaissants brûlent de se répandre.

______

(1) *Lusiades*, V.

» Un nom paiera du moins ce bienfait précieux ;
» Leur terre en gardera le titre glorieux,
» Et l'avenir nommant le fleuve *aux bons indices*,
» Dira : Le Portugais sait payer des services » (1).

Les Portugais partirent de la rivière « *Aux bons indices* » le 24 février.

« Nous allions, attendant, de rivage en rivage
» Qu'un indice nouveau guidât notre voyage » (1).

ARRIVÉE DE LA FLOTTE A MOZAMBIQUE.

XIV

Le 2 mars 1498 la flotte arriva à Mozambique.

« A peine les vaisseaux sont fixés aux rivages,
» Tout ce peuple déjà grimpe par les cordages.
» Il monte ; et par les chefs admis avec bonté,
» A ses hôtes nouveaux se mêle en liberté.
» Des banquets sont dressés. Dans le cristal limpide
» On fait mousser Bacchus et sa pourpre liquide ;
» On prodigue ces dons, trésors de nos repas,
» Trésors bien mieux goûtés sous ces brûlants climats.
» L'âme ouverte au plaisir se livre, se confie ;
» Leur langage est celui que parle l'Arabie ;
» Dès lors entre eux et nous l'embarras a cessé,
» Et l'entretien rapide a bientôt commencé » (2).

Maintenant étaient nombreuses les chances de la proximité de l'Inde : on était en pleine civilisation orientale. On y

---

(1) *Lusiades*, V.
(2) *Lusiades*, I.

rencontre pour la première fois de grands bâtiments où l'on se servait de la boussole et des cartes marines.

Les habitants de ce pays étaient noirs, mais leurs vêtements étaient si variés et si délicats, que Camoëns nous en donne ainsi le tableau :

« Tels ces mortels nouveaux s'offrent à leurs regards,
» Leurs minces vêtements, simples comme leurs arts,
» Sont faits de blancs tissus rayés avec adresse,
» Dont un coton moëlleux compose la richesse.
» Ce pagne, aux plis flottants, diversement porté,
» En ceinture tantôt sur les reins est jeté,
» Modeste voile, ici jusqu'aux genoux ondoie ;
» Ample écharpe plus loin sur leur bras se déploie.
» Pareil au long turban sur leur front attaché,
» Seul leur robuste sein n'en est jamais caché » (1).

A Mozambique l'Arabe ne cessa de demander si la flotte de Gama était turque ou maure,

« Viennent-ils du rivage et des champs de Byzance?
» De Mahomet sans doute ils suivent la croyance » (2).

La réponse ne se fait pas attendre. D'abord les matelots :

« Nous sommes Portugais. Nés aux bornes du jour,
» Nous cherchons les climats où commence son tour » (2).

Et la réponse du chef de l'expédition au sultan la voici :

« Gama, dans l'intérêt des desseins qu'il conduit,
» Dans la langue du More autrefois s'est instruit ;
» Gama répond : « Byzance et son bord infidèle
» Et ses mœurs, et son peuple à notre foi rebelle,
» Sont étrangers pour nous, aussi bien qu'odieux.
» Ces vaisseaux, ces soldats sont nés sous d'autres cieux.

-----

(1) *Lusiades*, V.
(2) *Lusiades*, I.

» Leur pays et le mien, c'est l'Europe guerrière.
» Nous cherchons ces climats d'où nous vient la lumière,
» L'Inde, qui semble fuir, et que nous poursuivons.
» Quant à la foi, seigneur, au dieu que nous servons,
» C'est celui qui créa cet univers immense,
» Qui le tient tout entier sous son obéissance » (1).

C'est aussi à Mozambique, que pour la première fois, on a pu recueillir des informations précises sur ce mystérieux roi chrétien le *Preste-Jean* ou Négus d'Abyssinie : les Arabes disaient qu'il vivait vers l'intérieur de l'Ethiopie, mais qu'il avait sur les bords de la mer beaucoup de villes peuplées de très riches marchands.

MOZAMBIQUE ET ANGOLA DANS LEURS LIMITES
ACTUELLES.

XV

On sait que la découverte et la conquête des côtes occidentales et orientales de l'Afrique, par les Portugais, remontent à 1497 et aux années suivantes.

Vasco da Gama y toucha avant d'aborder à Calicut, en 1498. En 1508, Jean de Castro jeta les fondements de la forteresse de Mozambique, qui devint, après Mélinde, le fleuron principal d'une domination que les Portugais, étendirent au nord jusque vers le cap Guardafui. Dans ses limites actuelles, le gouvernement général de Mozambique s'étend depuis la baie Lourenço-Marques jusqu'au Cap Delgado (de 26° à 10° 38' de lat. S.), sur une étendue qui n'admet pas encore une délimitation bien précise.

______

(1) *Lusiades*. I.

Depuis 1891, les estimations officielles portent néanmoins à 780,000 kilomètres carrés la superfice totale du territoire sur lequel s'étend la souveraineté véritable du Portugal.

L'établissement portugais que l'on rencontre tout d'abord, en remontant la côte, du cap de Bonne-Espérance et de la colonie anglaise de Port-Natal, est celui de Lourenço-Marques, sur la baie du même nom.

C'est en 1545, sous le règne de Jean III de Portugal, que ce navigateur a découvert la baie et les fleuves auxquels il a donné son nom. Cette baie reçoit quatre fleuves et renferme un port qui ne laisse rien à désirer, sous le rapport de la sécurité. Comme presque tous les navires venant du Cap ont plus ou moins à souffrir des vents qui soufflent dans ces parages, et que le district, quoique peu étendu, présente un sol extrêmement fertile, avec abondance de bois de construction, l'établissement de chantiers et de magasins de ravitaillement, sur ce point, serait sans doute une excellente spéculation.

XVI

En 1485, le navigateur Cam envoyé como *descobridor* par le roi Jean II, a trouvé l'embouchure du fleuve Zaïre, et le remontant, a noué des communications avec les habitants des rives, sujets du roi du Congo.

En 1486, Cam s'avançant vers la mer, trouva alors toute la côte d'Angola et de Benguela jusqu'au cap Negro. Dias, Gama, Cabral, et les autres capitaines des flottes, fixaient leur attention et leur ambition sur le grand empire de l'Asie, et ne voulurent pas se distraire par l'exploration d'une des plus belles contrées de l'Afrique occidentale. Ce n'est qu'en 1574, que Paul Dias de Novaes, premier capitaine général de la contrée (un petit fils du hardi navigateur Bartholomeu Dias), vint avec une flotte jeter l'ancre à la barre du Coança, près de l'île de Loanda, d'où il passa sur la côte voisine, chargé de faire la conquête de ces vastes régions.

La fondation de la ville de Saint-Paul de Loanda, capitale de la province, remonte à cette époque.

Novaes, capitaine illustre, a fondé des villes, construit des forteresses, et luttant sans trève, amena jusqu'à l'intérieur des terres le respect de ses armes.

Dans ses limites actuelles, depuis des récents traités avec l'Angleterre, l'Allemagne, et aussi avec la France, concernant les territoires portugais au nord du Zaïre, la province d'Angola est devenue beaucoup plus vaste que celle de Mozambique. Avec près de sept cent quatre-vingt mille kilomètres carrés, Mozambique est beaucoup plus étendu que l'empire d'Allemagne en Europe ; avec son million trois cent mille kilomètres carrés, à peu près, Angola surpasse en superficie la France, l'Espagne et l'Italie.

LA FLOTTE DE GAMA A MOMBAÇA ET A MÉLINDE.

XVII.

Le 7 avril 1498 (veille du dimanche des Rameaux), on relâcha à Mombaça, où Gama trouve à peu près les mêmes dispositions hostiles qu'à Mozambique.

L'aspect de la ville était délicieux ; à mesure que les navigateurs avançaient le long de la côte il leur semblait être plus rapprochés de la civilisation orientale. Mozambique était une ville n'ayant que des cabanes, pour toutes constructions ; tandis que Mombaça, au contraire, se présenta à la vue comme une ville opulente, avec des maisons en pierre, des toits en terrasse, qui lui donnaient l'apparence d'une ville européenne.

C'était le vendredi 13 avril 1498 que la flotte repartit de Mombaça ; elle arriva à Mélinde le 14, et sans oser entrer dans

le port, elle se tient devant la ville le samedi et le dimanche 15.
— C'était précisément en ce jour de Pâques dont la solennité
était célébrée, avec tant de pompe, dans tous les Etats chrétiens.

> « C'était le jour que Dieu défend à nos travaux,
> » Pour rappeler son œuvre et son divin repos.
> » La flotte, pavoisée en signe de sa joie,
> » Livrait à tous les vents ses pavillons de soie,
> » Car Mélinde était là, Mélinde à leurs regards
> » Présentant ses palais, sa richesse et ses arts » (1).

Un écrivain français de réputation appréciant cet exploit
mémorable dans les annales de la marine du monde, a dit :
« Un grand acte venait d'être accompli, non seulement pour
le Portugal, mais pour les pays de la chrétienté, comme on
disait alors. Une fois arrivé à Mélinde, toutes les difficultés de
cette prodigieuse expédition s'aplanissent, comme par enchan-
tement. Le roi de ces contrées est musulman, il est vrai, mais
il a un cœur de chrétien, nous disent les poëtes et les chro-
niqueurs... Il invite Gama à venir le visiter dans son palais ;
et, sur l'observation qui lui est faite par le chef de l'expédition,
qu'une injonction précise de son souverain l'empêche de se
rendre à terre, avant qu'il soit arrivé dans les domaines du roi
de Calicut, il n'hésite pas à se confier à des étrangers dont il
admire le courage. Alors la pompe orientale étale, pour la
première fois, sa magnificence aux yeux des Européens et
laisse deviner aux Portugais des richesses dont les récits de
Marco Polo et ceux de Pero da Covilhá ont pu seuls leur
donner une légère idée. » (2)

Malgré l'hospitalité du roi de Mélinde, Gama ne fit pas un
long séjour dans la ville où il commandait ; il avait hâte
d'atteindre le but de son voyage et de connaitre par lui-même
la vérité des récits qui lui étaient faits.

____

(1) *Lusiades*, II.
(2) Ferdinand Denis, voyageur et littérateur.

GAMA ARRIVE DEVANT CALICUT. — MYSTÈRE DE L'ÉCOLE
DE SAGRES ET RETOUR DE GAMA.

XVIII.

Malgré la saison contraire, le trajet de Mélinde à la côte de Malabar s'effectua rapidement, et la navigation fût sans tempête. Enfin le pilote Malemo Canaça, gouzarate d'origine, arriva à bord, et le 24 avril on pût mettre à la voile, tout droit sur Calicut.

Le 17 mai les Portugais aperçûrent la terre désirée de l'Inde, et le pilote fidèle courut demander à Gama. *quelques étrennes pour cette bonne nouvelle.*

Le chanteur de ce voyage, en verve admirable, dit :

> « Le soleil, au matin, colorait de ses feux
> » Ces antiques sommets, ces monts majestueux
> » Qu'un vieux fleuve, le Gange, à la source inspirée,
> » Reflète en les baignant de son onde sacrée.
> » Soudain du haut du mât la vigie a crié :
> » Terre ! Terre ! A ces mots ils ont tout oublié.
> » La tempête a mugi, qu'importe la tempête ?
> » C'est ici désormais que leur regard s'arrête ;
> » C'est sur ce bord par eux si longtemps espéré :
> » Car c'est lui, le pilote ainsi l'a déclaré :
> » Amis, c'est Calicut, croyez-en ma promesse ;
> » C'est l'Inde, où, disiez-vous, le destin vous adresse. » (1)

Mais le bon pilote se trompait de rivage, ce ne fût que le 20 mai 1498, que l'illustre Gama aborda la ville même de Calicut : l'opulente cité du Samorin.

> Si devant Dieu ce peuple enfin n'eut trouvé grâce,
> Tu vois où le pouvait conduire son audace. (2)

Deux ans plus tard. Pedro Alvarès Cabral que le roi Emma-

---

(1) *Lusiades.* VI.
(2) *Lusiades.* IV.

nuel avait chargé d'une seconde expédition aux Indes, fût jeté par la tempête dans une tout autre direction. Il nomma *Vera Cruz* la terre ainsi découverte. Elle prit plus tard le nom de *Brésil*, d'un bois précieux qu'on en apporta.

C'est avec ces navigateurs qu'Améric Vespuce fit deux voyages sous les auspices de ce même roi Emmanuel et il eût l'insigne honneur de donner son nom au nouveau monde. Ainsi sont couronnées les recherches glorieuses des Portugais et la persévérance de leurs rois. Et cette race sait, que jamais la valeur ne serait allée découvrir l'Orient, ni le hasard l'Amérique, si l'homme à qui l'Humanité doit le plus, n'avait établi à Sagres une Ecole et cultivé les Sciences...

XIX.

On lit ces lignes dans le plus beau livre qui ait été écrit sur les découvertes de l'immortel prince Henri le Navigateur :

« Le mystère qui depuis la création, s'étendait sur l'Atlantique, et qui cachait à la connaissance de l'homme la moitié de la surface du globe, avait réservé un champ de nobles entreprises au prince Henri le Navigateur. Jusqu'à ce jour le sentier de la race humaine avait été la montagne, le fleuve, le plateau, la baie, le lac, la Méditerranée ; mais ce fût lui qui, le premier, a conçu l'idée d'ouvrir la route à travers l'Océan inexploré, route pleine de dangers, mais féconde en résultats.

Quoique fils d'un roi, il dédaigna les plaisirs de la cour, et alla s'établir dans cet inhospitalier promontoire de Sagres, point extrême au sud-ouest de l'Europe..... Il serait impossible de rencontrer sur le territoire du Portugal, si tempéré et fécond, si éclairé et caressé par le soleil, un site plus froid, plus stérile, plus lugubre. Vers le nord-ouest, étaient des terres presque continues, tandis que les trois quarts de l'horizon étaient occupés par les grandes et mystérieuses eaux de l'Atlantique (1). »

____

(1) Richard Henry Major. *The life of Prince Henry of Portugal*, etc. London, 1868.

Le grand maître de l'Ordre du Christ, avait choisi ce lieu pour y bâtir son palais, sans doute, parce que la baie de Sagres, permettait une entrée plus facile aux embarcations qu'il employait, que les autres baies rocheuses, de cette côte tourmentée. C'est dans ce lieu, que le grand prince portugais venait se livrer à ses méditations ; sans doute c'est dans ce petit ermitage, bâti sur trois pics avancés, et entre lesquels la mer roule ses flots, qu'il venait prier pour ceux, qu'il envoyait sonder le grand mystère !

La prescience humaine, qui répugnait à ne voir dans le monde terrestre qu'une portion relativement minime livrée seule à l'habitation de l'homme, devançait par ses hardies hypothèses les découvertes de Dom Henrique, de Gama et de Cabral.

C'est ainsi que Sénèque le philosophe, dans le beau chœur qui termine le second acte de sa *Médée*, a écrit ces lignes prophétiques si souvent citées :

« Un temps viendra dans la suite des siècles où l'Océan
» brisera les liens dont il enserre le monde ; la terre immense
» sera ouverte à tous, la mer dévoilera de nouveaux mondes,
» et Thulé ne sera plus la dernière terre » (1).

La fortune les aida, Gil Eannes, le marin de Lagos, doubla le *Cap Bojador*, et, depuis, cet exploit fût applaudi par l'Europe presque avec la même admiration qu'elle célébra la navigation de Gama ; une série de découvertes est venu prouver, que l'initiateur, le prince Henri le Navigateur, par son audace et sa fermeté, sût élever un petit pays à la plus grande influence.

Les vœux du prince se réalisèrent dans leur meilleure partie. Il étendit la Foi et il agrandit la splendeur de sa terre natale.

Tout ce qu'il a découvert, il l'a conquis ou aida à le conquérir ; tout a été par lui généreusement voué à l'ordre du Christ, ne se réservant pour lui-même que le droit de ne jamais se reposer, et la gloire d'avoir fait de sa Patrie, le berceau de la plus pro-

____

(1) *Médéa*, act. II, p. 382, Lemaire.

fonde révolution, que le monde ait vue depuis la chute de l'empire romain.

Vasco da Gama, en 1497, porta dans l'Inde le drapeau blanc avec la croix rouge, et Pedro Alvarès Cabral le planta, en 1500, sur la terre du Brésil.

Les richesses de l'Asie et celles de l'Amérique vont affluer en Europe.

Telles furent les principales découvertes qui signalèrent la fin du XVe et le commencement du XVIe siècle, et exercèrent une si grande influence sur les progrès des sciences et de l'industrie.

La fin du XVe siècle, où le Portugal a une si belle part, marque une ère nouvelle dans les destinées du monde.

Ces nouvelles découvertes qui forment un ensemble si remarquable sur la sphère terrestre, Camoëns les a exprimées dans ces admirables vers :

« Toujours monte et descend l'étonnante machine,
» Sans que l'axe jamais se déplace ou s'incline,
» Et, semblable à celui dont elle suit la loi,
» Elle n'a d'autre appui, d'autre soutien, que soi.
» Tu restes confondu devant un tel ouvrage,
» Et bien, de l'univers tu vois ici l'image.
» Dans cet espace étroit tes yeux vont découvrir
» Tous ces chemins divers que tu veux parcourir,
» Ces rivages, ces mers que ton pays ignore,
» Que tes nefs ont trouvés, ou trouveront encore.
» Dabord, cet élément si limpide et si pur,
» Ce globe composé de lumière et d'azur,
» Tel encor que la fait la suprême sagesse,
» C'est le monde. A son tour l'enveloppe et le presse
» Un élément plus pur, sa cause et son milieu ;
» Cet élément, que nul n'a défini, c'est Dieu.
» Connaître, approfondir sa puissance suprême
» Votre raison palit devant ce grand problème. » (1)

----

(1) *Lusiades*, X.

C'est la terre ainsi décrite, de même que son Auteur-Dieu !
par le grand poète.

> « — Transporté de bonheur, Gama tombe à genoux,
> » Et ses regards, grand Dieu, se sont tournés vers vous.
> » Qui jamais, en effet, dans sa reconnaissance,
> » Eut plus droit d'exalter la céleste puissance ? » (1)

XX.

Le 29 août 1499, l'illustre Vasco da Gama à son retour, mouilla
dans le Tage après avoir *par des mers inconnues*, découvert
l'Inde et y avoir érigé sur les bords du Gange, un immortel
monument à la gloire du Portugal.

> « Dans leur Tage chéri leur proue enfin s'engage,
> » De leurs brillants exploits ils rapportent l'hommage
> » Au pays, à l'Europe, au fleuve bien-aimé,
> » Qu'en partant ils ont vu de tant de pleurs semé,
> » A leur prince surtout, à ce roi plein de gloire,
> » Dont la leur doit encor consacrer la même mémoire » (2).

A Lisbonne Vasco da Gama reçut les honneurs dûs à un si
grand héros ; il avait reçu le titre de dom et l'Ordre du Christ
pour lui et sa postérité.

Une autre noblesse l'attendait; c'était le grand poème de
Camoëns.

> « — Voilà donc ces héros, ces esprits magnanimes !
> » Prodiguez donc pour eux vos dons les plus sublimes. » (3)

. . . .

Vasco da Gama parcourut toute la côte orientale de l'Afrique,
descendant de temps en temps à terre pour faire alliance avec

---

(1) *Lusiades*, VI.
(2) *Lusiades*, X.
(3) *Lusiades*, VII.

les rois sur son passage. Ce grand marin, habile diplomate, procéda de même sur la côte orientale de l'Inde. Il ne trouva de favorables dispositions que dans le roi de Mélinde. Satisfait cependant de son premier voyage, il en fit un second avec une flotte de vingt vaisseaux.

Le roi de Portugal, Emmanuel, le fit comte de Vidigueira et amiral des mers des Indes, de Perse et d'Arabie. Il revint chargé de richesses par ses conquêtes, le 1er septembre 1503. Le roi fit bâtir en l'honneur de la découverte de l'Inde la superbe église de Bélem, à Lisbonne, et envoya au pape Léon X de précieux présents, comme prémices de grandes richesses acquises, qui commençaient à affluer de toutes part à Lisbonne.

Le roi de Portugal devint l'objet des attentions de tous les monarques ses contemporains et Ferdinand et Isabelle, l'empereur Charles-Quint, les rois Henri VIII d'Angleterre. François II de France. ainsi que la république de Venise. recherchèrent son alliance. et il put en 1499 prendre le titre pompeux mais justifié de : *Seigneur de Guinée et de la conquête, de la navigation et du commerce de l'Ethiopie, de l'Arabie, de la Perse et de l'Inde.*

VI. — Conséquences de la découverte et de la conquête de l'Inde. — Albuquerque.

Arrêtons-nous un instant pour observer maintenant les conséquences de ce grand événement.

Venise, la première, en éprouva le contre-coup, et son génie épuisa tous les moyens d'y résister. Elle proposa aux soudans de couper l'Isthme de Suez, et elle avait même déjà envoyé, dès les premières nouvelles de la découverte du Cap de Bonne-Espérance, dans la mer Rouge, une flotte toute faite, par Alexandrie, le Caire et le désert, pour arrêter la navigation des Portugais.

La prise de Socotora et les difficultés inséparables de la section de l'Isthme et du transport des matériaux nécessaires à l'arsenal de Suez, rendirent ces efforts inutiles.

La route d'Alexandrie qui avait fait la fortune des Ptolémées, des Romains, des Arabes, des Soudans et des Vénitiens, fût abandonnée. L'Europe en retira, pour le moment surtout, d'immenses avantages. Sans cette révolution, elle était envahie par la religion mahométane avec ses funestes principes.

La prise de Constantinople, en 1453, celle de Chypre et de Candie, et le siège de Vienne, avaient prouvé de quoi le fanatisme turc était capable. La civilisation courait les plus grands dangers s'il n'était contenu ; et les Portugais le continrent admirablement.

Ils avaient noblement résisté à la valeur des Maures avant de parvenir à leur fermer l'entrée de l'Europe par l'Occident ; ils furent plus heureux encore en arrêtant la marche des Arabes du côté de l'Orient.

L'Angleterre se déchirait alors pour la liberté ; l'Allemagne, pour la religion ; la France s'épuisait en Italie, et l'Italie se battait pour le choix de ses maîtres.

Qu'aurait-on pu opposer à ces armées de deux ou trois cent mille fanatiques que le mahométisme mettait si aisément en campagne ? Ces considérations donnent encore plus d'importance à la découverte du Cap de Bonne-Espérance, qu'à celle du Nouveau Monde, qui la suivit de près.

Dans le Nouveau Monde, il n'y eu point à combattre ; sur la route des Indes, il fallait combattre à chaque instant les rois de Calicut, d'Ormus, de Siam, les Vénitiens et la flotte du soudan d'Égypte. Mais la destinée réservait aux Portugais, pour accomplir leurs brillantes entreprises, des génies tels que les grandes circonstances en font naître.

ALBUQUERQUE.

> Le Samorin s'alarme, il marche contre vous,
> Et va fuir, trop heureux d'échapper à vos coups.
> *Lusiades*, X.

XXI

À côté du grand roi, qui est Emmanuel, du grand navigateur, qui est Vasco da Gama, on voit se dresser la figure du grand capitaine, Albuquerque.

> Ah ! ne souffre jamais que l'Anglais, qu'on admire,
> Le Franc, l'Italien, le Germain puisse dire :
> « Honneur au Portugais ! On lui doit accorder
> » Qu'il sait mieux obéir, que ses chefs commander »(1).

----

(1) *Lusiades*, X.

Vice-roi des Indes sous le règne d'Emmanuel, il y établit la domination de son souverain. Albuquerque étendit la domination et les reconnaissances portugaises dans toutes les directions.

> « Dejà des mers de l'Inde il sillonne les flots
> » Du vermeil orient on reconnaît les eaux » (1)

Son premier exploit fût de conquérir Goa, qui devint le centre du commerce portugais dès 1510.

Albuquerque voulait assurer à sa patrie le commerce des Indes et des pays voisins. Il fit diverses expéditions sur les côtes.

Après s'être enfoncé bien avant dans la mer Rouge, il fût obligé de revenir sur ses pas avec sa flotte. Son courage n'en fût pas abattu. Il assiégea, en 1507, Ormuz dans le golfe Persique. Il somma le roi de cette île de se rendre tributaire du Portugal, comme il l'était de la Perse. Après quelques mois de résistance, la ville et l'île furent obligées de se rendre (2).

Le roi de Perse envoya demander un tribut au vainqueur, qui fit apporter devant les ambassadeurs des boulets, des grenades, et des sabres. « Voilà, leur dit-il, la monnaie des tributs que paye mon maître ! »

Il s'empare de Calicut en 1509.

La puissance portugaise était solidement établie dans les golfes d'Arabie et de Perse et sur la côte du Malabar : Albuquerque songea à l'étendre dans l'orient de l'Asie.

Il se présenta, en 1511, devant Malaca, qui, par sa situation, était le plus considérable marché de l'Inde. Il avait déjà tenté d'avoir cette place. Son ami Araujo, qui avait pris part à la première expédition, avait été fait prisonnier ; les assiégés

____

(1) *Lusiade*, IV.

(2) Aujourd'hui la ville d'Ormus est presque inhabitée ; mais alors la population était florissante et considérable « Si le monde était un œuf, disaient proverbialement les Arabes. Ormus en serait le moyeu. »

ménaçaient de le faire périr au moment où commencerait le siège.

Albuquerque était arrêté par le danger que courait son ami, lorsqu'il en reçut cette belle et courte épitre :

« Ne pensez qu'à la gloire et à l'avantage du Portugal. Que je n'y sois pas au moins un obstacle, si je ne puis être un instrument de votre victoire ! » La place fût attaquée, et prise après des combats sanglants et opiniâtres. On y trouva des trésors immenses et de grands magasins. Une citadelle formidable garantit cette importante conquête.

Après la prise de Malaca, les rois de Siam, de Pégu et quelques autres, envoyèrent à Albuquerque des ambassadeurs pour lui offrir leur commerce et lui demander l'alliance du Portugal.

Les lieutenants d'Albuquerque se détachèrent en escadre et prirent les Moluques, tandis que lui se signalait par de nouvelles expéditions ; enfin il acheva de soumettre le Malabar.

Le conquérant portugais de l'Asie, est mort sur mer devant Goa en 1515.

Depuis quinze ans Albuquerque avait prononcé cette parole mémorable qui prouvait les angoisses d'une si grande vie et qui accusait tout au moins les retards du roi, si elle n'attestait son ingratitude.

> — « Mal avec le roi pour l'amour des hommes,
> « Mal avec les hommes pour l'amour du roi. »

C'était sur un navire qui le ramenait d'Ormus et qui venait de jeter l'ancre devant Goa que parlait ainsi le grand homme ; il écrivit alors quelques lignes et elles ont été transmises religieusement. Nous les dirons ici puisqu'il y a de ces mots héroïques qui, dans l'histoire de la marine, peignent les hommes et les temps (1).

---

(1) On a aujourd'hui la certitude que les derniers chagrins éprouvés par Albuquerque venaient du retard de la lettre que lui écrivait le roi Emmanuel. Il ignorait que sa position ne lui était pas contestée.

— « Seigneur, au moment où je vous écris je sens un tremblement, vrai signe de mort.....

» Au royaume j'ai un fils, faites-le grand comme mes services le méritent. Je lui ordonne au prix de ma bénédiction de vous le demander. Quant aux choses de l'Inde je n'en dis rien, elles vous parleront pour elle et pour moi. »

Ces belles paroles, si souvent altérées, nous ont été transmises par Bernardès, le poète portugais bien connu.

> — « C'est avec ces travaux. ces dangers, ces douleurs,
> « Que d'un nom immortel s'achètent les honneurs » (1).

Ses belles actions lui avaient fait valoir le surnom d'Albuquerque le Grand et de Mars Portugais.

------

(1) *Lusiades*, VI.

VII. — Missions religieuses en Orient.

XXII

Les limites de notre étude ne nous permettent pas de nous étendre sur l'œuvre colossale de la civilisation des missions religieuses en Portugal et notamment de celle de la Compagnie de Jésus.

Ce fut tout d'abord dans les vastes contrées portugaises de l'Amérique que l'ordre de Jésus découvrit une arène appropriée à ses aspirations ; mais les missions de l'Asie embrassent encore des proportions plus étendues et nous offrent des résultats plus remarquables.

Maîtres de la doctrine évangélique et de toutes les sciences cultivées à cette époque, les Pères Jésuites se distinguèrent dans toutes les branches de la civilisation. Plusieurs d'entre eux illustrèrent même par leurs écrits leur ordre et leur patrie.

La géographie, la linguistique, l'histoire et même les sciences phisico-mathématiques durent beaucoup aux notices collectionnées par les missions dans leurs longues et instructives prérégrinations.

Ces ouvriers apostoliques intelligents, ces infatigables pionniers de la chrétienneté marchaient sans trève en avant, ouvrant d'une main aux populations les chemins de l'avenir et semant de l'autre les bienfaits de la civilisation.

Ne se bornant pas à la catéchese et aux pratiques du culte, les prêtres jésuites savaient être tour à tour architectes, ingénieurs, artisans, agriculteurs, médecins et missionnaires, unissant la parole à l'exemple, la théorie à la pratique.

Le roi Emmanuel, au milieu des réjouissances motivées par le retour de Vasco da Gama, ne sépara pas un instant dans le plan de l'occupation de l'Inde, l'action religieuse de l'idée de la conquête; et dès l'année 1500, il ordonna au navigateur Cabral, lorsqu'il aborda à Calicut, de construire une factorerie, et une église contiguë, afin que les moines de la flotte puissent célébrer les offices divins. L'église terminée et décorée, les prêtres y dirent la messe et y confessèrent; lorsque l'agression des Maures força les Portugais à se réfugier sur les vaisseaux, deux de ces religieux furent blessés dans la mêlée. Plusieurs moines étaient aussi partis de Lisbonne sur la flotte du premier vice-roi François d'Almeida; ils avaient assisté avec les chapelains des vaisseaux à la cérémonie religieuse, qui eût lieu pour fêter la construction de la forteresse de Quiloa.

En 1509 il existait déjà à Socotora un petit monastère de franciscains, dont les moines moururent, atteints par les maladies du pays, à l'exception de deux. En 1510 enfin, lorsque le grand Albuquerque prit Goa, le dominicain Rodrigo Homem l'accompagna pour exciter le zèle des soldats et les religieux franciscains marchaient à côté d'eux, élevant haut la croix du Christ. Ayant remporté la victoire, ils consacrèrent la mosquée du Idalkhan pour que l'armée pût entendre les cantiques d'actions de grâces, et le gouverneur fit don de ce temple mahométan, aux moines de Saint François, pour siège de leur résidence, où ils y restèrent jusqu'en 1521.

Les prêtres dominicains entrèrent aussi en Asie avec Albuquerque, mais ce ne fût qu'en 1548, que le moine Bermudes et douze religieux partirent pour Goa en communauté, pour y ériger un couvent.

Parmi les prêtres fondateurs des couvents de Saint-Dominique, on nomme fray François de Azevedo, homme éminent par ses vertus et par ses études : c'est le premier maître qui enseigna les humanités et la théologie à Goa; Gaspar da Cruz, moine missionnaire, passa à Cambaye et plus tard en Chine, en 1556, où il fit beaucoup de conversions.

L'ordre dominicain a construit encore deux couvents en plus; un à Chaul, et l'autre à Cochin (1).

Les Augustins fondèrent dans la ville de Goa même, leur premier couvent en 1572. Le collège de Populo, créé en 1602, servait à l'instruction de jeunes moines, destinés aux missions.

Le couvent de Daman, l'hospice de Bombaim, la petite maison de Meliapor, et le monastère de Macao, dépendaient tous de la congrégation filiale de Goa, parce que l'ordre ne forma jamais de province particulière dans l'Inde.

Les carmes déschaussés vinrent après, et étendirent leurs missions à Bagdad et en Perse, ne s'établissant dans la ville qu'en 1607 ou en 1612.

Les théatins, très pauvres, se contentèrent d'une petite résidence, près du palais des vice-rois, et d'une église, aussi petite, mais très belle. Introduits vers la moitié du xvi⁰ siècle, et presque tous Italiens, ils choisissaient chaque trois ans leur préfet, et correspondaient avec le supérieur de l'ordre à Rome, par l'intermédiaire de la nonciature de Lisbonne.

Les prêtres de Saint-Jean de Dieu, et les congréganistes de Saint Philippe Nery, ont été les derniers établis en Orient, où les premiers se sont surpassés en charité dans les hôpitaux de Goa, Daman, Diu, Macao, et d'autres endroits ; et les seconds en éloquence dans la chaire, et en zèle dans l'instruction de la jeunesse.

---

(1) *Lendas da India*, t. IV.

VIII. — Influence des Jésuites dans les cours orientales. — Saint François-Xavier.

XXIII.

Les prêtres de la Compagnie de Jésus passèrent aux Indes en 1543 avec Saint-François-Xavier.

C'est en 1584, que fût érigé le collège de cet ordre, annexé à la somptueuse église du Bon Jésus, dans la partie inférieure de Goa. Aucun ordre n'a rendu de services plus éminents à la Foi et aux contrées nouvellement découvertes que les Jésuites.

A la fin du xvi⁰ siècle, dans presque toutes les cours des royaumes opulents, cet ordre avait obtenu une entrée. Il possédait au Japon trois maisons dans la ville principale (Meaco), où il était respecté et protégé.

En Chine, outre la résidence de Pékin, il en occupait encore trois dans des villes importantes de l'empire.

Au Bengale il fût bien vu du roi ; et en Bisnaga il mérita beaucoup d'estime. Dans les états du Grand Mogol, les prêtres ne sortaient pas de la compagnie du souverain. Dans le Malabar, le Samorin de Calicut, les honorait comme des amis et des conseillers. En Travancor, Porca, Dangamale, et plusieurs endroits, ils occupèrent des postes privilégiés.

Dans le pays du *Preste-Jean* (en Abyssinie, chez le Négus), les jésuites obtinrent toute faveur. Dans ces endroits et dans beaucoup d'autres, affirme un écrivain bien informé, ils soignaient non seulement les intérêts spirituels, mais ils servaient aussi les intérêts politiques et commerciaux de la couronne portugaise, cherchant à conserver, ou à consolider entre les princes et l'État de l'Inde, les bonnes relations de paix et d'amitié.

L'arme des conversions aidait à l'action de la conquête et à la propagation de la Foi.

Les populations païennes groupées au sein de l'église étaient plus fidèles aux Portugais qu'aux monarques naturels, et dans les pays assujettis la religion pouvait plus que la force pour les contenir dans l'obéissance.

Le nom de Saint François-Xavier, si vénéré des petits, ainsi que des puissants, servait plus à la société pour lui ouvrir les chemins, que les faveurs qu'elle savait employer pour vaincre les obstacles. Pendant plus de neuf ans, suivant dans l'Asie les traces de Saint Thomas, comme un flambeau toujours allumé, lui et ses compagnons, humbles avec les pauvres, sévères avec les riches et les orgueilleux, toujours austères avec eux-mêmes, ne s'occupant jamais d'aucun trafic, ils ont rendu leurs soutanes plus respectées que la pourpre des orgueilleux.

Dans le sein de la très grande corruption, qui minait déjà le vaste empire de Jean III dans l'Inde, Xavier, levant la tête au dessus de tous, flagellait l'usure, l'avarice et les tripotages, blâmait les rixes et les violences, châtiait les vices, et sa parole simple comme la vérité, faisait la lumière, cautérisait, avec ardeur, les plus profondes plaies.

Devant la belle image de ce vénérable apôtre la postérité s'incline respectueuse.

IX. — Apogée commerciale et maritime.

Autre Rome, Lisbonne asservira les mers,
Lisbonne de son nom remplira l'univers.
Lusiades IV.

XXIV.

Les richesses de l'Orient, affluaient en torrents des bords du
Gange vers les côtes du Tage, et des milliers de vaisseaux
étrangers, tributaires de notre opulence, venaient au port de
Lisbonne, charger pour les vastes marchés de Flandres, d'Angleterre, de France et d'Italie.

La révolution presque subite qui éleva au comble de la puissance un peuple si petit encore quelque temps auparavant,
devait frapper l'Europe d'étonnement.

Les Portugais fournissaient au commerce les produits
précieux et variés des nouvelles terres découvertes.

Du Portugal venaient les pierres et les perles orientales par-
faites, l'or pur, massif et battu, les épiceries, les drogues,
l'ivoire, le coton, et d'autres objets apportés de Calicut à Lisbonne.

On y amenait aussi des sucres de Saint-Thomas, du bois du
Brésil, du vin exquis de Madère, île découverte en 1419, et une
des plus belles de la terre.

Parlant de la gloire du commerce des Portugais, dans cette
période si merveilleuse du règne du roi Emmanuel, Adrien
Balbi a écrit : « C'est l'époque brillante du commerce et de la
puissance des Portugais, qui étonnèrent l'Orient par leurs
exploits héroïques et par l'étendue de leurs conquêtes. L'idée

de leur puissance fit une telle impression sur les habitants de ces régions éloignées, que dans une géographie ancienne, composée en Perse, on trouva le royaume de Portugal nommé la capitale de l'Europe. Les Portugais firent pendant ce siècle le commerce exclusif de l'Afrique et de l'Asie. » (1).

L'essor que prit à cette époque le génie maritime de la nation et les richesses que le commerce de l'Inde fit affluer à Lisbonne, valurent à cette ville le titre pompeux de Reine de l'Océan.

Le troisième vice-roi de l'Inde, le successeur d'Albuquerque, Lopes Soares, ouvre les relations portugaises avec la Chine, Goa devient le siège de la puissance portugaise en Asie, et le centre du commerce le plus riche et le plus vaste du monde.

La grandeur et la puissance du Portugal ne cessent donc pas !

En 1514, Hélène, reine d'Abyssinie, envoie une ambassade au grand monarque portugais.

Lopes de Sequeira se présente avec une flotte considérable sur les côtes de l'Abyssinie, et le prêtre François Alvarès fait connaître cette importante contrée, par la relation devenue célèbre de son voyage (2).

Le roi Emmanuel fut une source de gloire et de fortune, en effet, pour la nation portugaise ; aussi appelle-t-on le règne d'Emmanuel le « siècle d'or du Portugal ». Le commerce fut mis en honneur, l'industrie et les beaux-arts reçurent des encouragements et la marine de guerre devint formidable. Durant la période si minime de vingt-quatre ans, il sortit du port de Lisbonne, pour les expéditions des Indes, trente-trois escadres composées de plus de 220 vaisseaux de guerre de haut bord. Dès ce moment, cette vérité fut acquise : que sans marine de guerre, il n'est point de marine marchande possible.

____

(1) *Essai statistique sur le royaume de Portugal*, etc. Paris, 1822.

(2) L'ambassadeur du roi Emmanuel est parti pour l'Abyssinie en 1515, il arriva à la cour du Négus en 1520, et fut de retour à Lisbonne en 1527. Alvarès publia les premières notions précises sur l'Abyssinie en 1540,

XXV.

Dpuis que l'illustre Gama doubla le cap de Bonne-Espérance, les prospérités avancèrent d'une manière si rapide, qu'elles dépassèrent encore ce que les illusions les plus audacieuses pouvaient imaginer.

Le roi Emmanuel n'épargna aucun effort pour satisfaire ce que le présent annonçait, et ce que l'avenir avait encore de caché. Sachant que la grandeur actuelle et future dépendait de l'agrandissement des forces navales, il appliqua toute son attention à les faire accroître en proportion des forces des vastes entreprises qu'il avait tracées.

L'expérience des navigateurs antérieurs a appris aux constructeurs à perfectionner la coque et le ravitaillement des navires de guerre et de commerce. Toute l'artillerie de bronze, presque unique en usage alors, venait des forges du roi et des particuliers. Les approvisionnements de mer et de terre étaient si nombreux, qu'en 1508, le roi passant à Tavira (à l'extrême sud dans l'Algarve), pour secourir la place d'Arzilla au delà du détroit, assiégée par le roi de Fez, mobilisa en cinq jours une armée portugaise de vingt mille hommes et les bâtiments indispensables pour leur transport.

Outre les expéditions subites, et les escadres expédiées aux Indes, le roi Emmanuel a conservé toujours trois escadres actives contre les corsaires et les pirates : celle du détroit de Gibraltar, pour la croisière dans les eaux de la Barbarie et d'Algarve ; celle des côtes du nord du royaume, et celle des archipels des Açores et de Madère.

Les immenses privilèges concédés aux pilotes, charpentiers de hache et calfateurs, autorisent le zèle avec lequel il protégeait les métiers qui pouvaient aider l'essor maritime.

La fondation en 1518 d'une chaire d'astronomie à l'université de Coïmbre prouve aussi que son initiative était éclairée, et qu'il aspirait à introduire tous les progrès.

Les vaisseaux de ligne orientaux excédaient rarement

400 tonneaux de tonnage ; mais la construction des galions de
1.000 tonneaux était déjà en vogue dans la dernière période de
son gouvernement. Le vaisseau-amiral de la flotte, qui en 1521
accompagna la princesse Beatrix en Savoie, le galion Sainte-
Catherine, était de ce tonnage. Un informateur minutieux
dans des recherches historiques à calculé, que pendant les
vingt-six ans du règne d'Emmanuel, les vaisseaux de guerre
qui sillonnèrent les mers de l'Europe, de l'Afrique, de l'Asie et
de l'Amérique, se sont élevés à plus de 971. En 1513, pour faire
la conquête d'Azamor, plus de 400 navires ont été armés et
équipés en moins de quatre mois. L'escadre avec laquelle,
en 1501, le comte de Tarouca fût envoyé au secours des Vénitiens en comptait trente ; et la malheureuse expédition de
Mamora, en 1515, en comptait plus de deux cents, dont cent
ont fait naufrage en perdant quatre mille hommes (1).

XXVI.

Sous le roi Jean III, le successeur d'Emmanuel, les forces
navales montèrent au plus haut degré de développement. Le
commerce maritime avec l'Afrique et l'Asie progressait activement, et celui avec l'Amérique commençait à prendre de l'essor
depuis l'augmentation de la population du Brésil. On estime en
moyenne à deux millions et demi de francs la valeur des charge-
ments de chacun des vaisseaux de ligne de l'Inde venant de
l'Orient, et quelques uns rentrèrent encore plus riches. La
nouvelle des grands trésors transportés chaque année à Lisbonne, alluma la convoitise des nations étrangères, et des
aventuriers audacieux commencèrent à ravager par des incursions, les mers et les colonies du plus facile accès. Les conflits
et les pourparlers entre la cour portugaise et celles de Paris et
de Londres se sont répétés, mais presque sans résultat. La soif

---

(1) Séverin de Faria. — Stockler. — Goes.

de l'intérêt était plus forte, que la crainte de la répression, et l'audace des pirates et des corsaires s'était tellement accru, que le roi et l'empereur Charles-Quint, firent en 1552 pour défendre l'Espagne, le Portugal, et les deux archipels de Madère et des Açores, une convention par laquelle Jean III se chargeait d'équiper vingt vaisseaux pour garder les côtes du Portugal..

Charles-Quint prit sur lui d'occuper le détroit suivant que l'exigeaient les nouvelles des Français et des Turcs, et d'envoyer chaque année au mois d'avril dix vaisseaux bien armés aux Açores, d'avoir toute l'année, une escadre dans les eaux du cap de Saint-Vincent, point où touchaient les embarcations des Antilles et du Pérou, et d'entretenir sur la côte de la Galice quatre ou cinq vaisseaux de guerre de fort tonnage pour la sûreté et la protection des ports.

Le traité de 1552 montre la puissance maritime de la couronne portugaise, puissance supérieure à celle de l'Espagne même, dont elle excitait la rivalité des nations, plus tard élevées sur les ruines de la domination portugaise.

On estime à peu près, que depuis 1522 jusqu'en 1557 (règne de Jean III), 228 vaisseaux de ligne et 20 caravelles sont sortis de Lisbonne pour l'Orient. Chaque vaisseau de ligne portait à bord, outre l'armement usuel, soldats et munitions, un chargement d'une valeur non inférieure à 312.500 francs, nous coûtant ainsi, la domination de l'Inde, seule dans cette partie, 71 millions de francs, somme énorme pour l'époque.

XXVII.

C'est à la fin du règne d'Emmanuel et durant tout le temps de celui de Jean III, que les sciences nautiques et les arts de constructions et d'équipements firent en Portugal de grands progrès. Parmi les coques rondes fabriquées à cette époque et dans les époques qui suivirent, les caraques se faisaient remarquer : c'était une espèce de navire d'une grandeur extraordinaire que Lisbonne envoya aux Indes orientales et au Brésil.

Il y a trente ans, on comptait pour extraordinaires les constructions des superbes vaisseaux anglais et français d'un tonnage de 3,000 et 4.000 tonneaux, et nous oublions que les chantiers portugais mettaient à l'eau les caraques, qui étaient des
vaisseaux de guerre de sept à huit ponts, avec casernement pour
2.000 hommes de troupes, un chargement de 918.000 kilogrammes, armés de trente deux canons de bronze, et ne pouvant
naviguer dans moins de 60 pieds d'eau. Par dessus les ponts un
homme de la plus haute taille pouvait se promener sans toucher
les toits avec la tête. La poupe et la proue, beaucoup plus hautes
que le pont, formaient deux tours dressées aux extrémités du
bâtiment, ayant entre elles un passavant, ou galerie volante de
deux étages. Outre les gros canons, dont quelques-uns pesaient
18,360 et 22,950 kilogrammes, beaucoup d'autres de plus petit
calibre, s'affutaient dans les hunes tellement grandes qu'il pouvait y entrer de dix à douze hommes. Les caraques mesuraient
de la carlingue au premier pont presque 10 mètres de haut, et
d'avant et d'arrière non moins de 16^{m}5 à cause des tours.

Les caraques n'étaient pas seuls les uniques bâtiments de
grandes dimensions en Portugal à cette époque.

On y fabriquait aussi d'énormes galions, et parmi les navires
ronds de la marine portugaise, le galion le Saint-Jean, surnommé le « bota fogo » (1) est resté mémorable pour la quan-
tité de canons dont il était armé. Il avait cinq ponts, très longs,
qui prenaient l'étendue de presque deux fois un des plus grands
vaisseaux de l'Inde, à quatre étages.

Dans l'escadre, avec laquelle Charles-Quint attaqua Tunis
en 1535, figurait dans la division sous les ordres d'André
Doria, un vaisseau rond immense considéré le plus gigantesque
de l'Italie : tout de même le portugais le surpassait : ses
dimensions étaient telles, que ce navire portugais au combat
tirait par-dessus toute la flotte. La tradition lui donnait
360 canons de bronze de tous les calibres ; nombre peut-être

---

(1) Qui vomit du feu.

exagéré quelque peu par la tradition! Il avait quatre batteries ; celle à fleur d'eau de canons renforcés ; celle de coulevrines ; celle de demi-canons ; et celle des sphères et demi-coulevrines. A l'avant et à l'arrière, s'élevaient deux énormes châteaux avec tant de canons, qu'on aurait dit deux volcans à vomir des torrents de feu. Six cents mousquetaires, quatre cents soldats d'épée et rondache, et trois cents artilleurs, montaient ce vaisseau extraordinaire. Il portait pour taillemer de proue un éperon ou une scie d'acier le plus fort et très coupant. C'est ce Léviathan des flottes du xvie siècle, qui ouvrit la Goulette de Tunis à la flotte hispano-veneziana d'André Doria (1). Parlerai-je d'autres embarcations portugaises de l'ancienne marine si braves tel le vaisseau *Chagas*, que 3 bâtiments anglais ne pûrent capturer et qui préféra être réduit en cendres que d'être pris ; tel le galion *S. Thiago*, qui résista à trois vaisseaux Hollandais ; tel le navire *Conceiçao* qui se batit seul contre une flotte composée de 16 vaisseaux dans les eaux d'Alger ; tel encore le vaisseau *Albuquerque* en Tripolitaine, et tant d'autres ? Pour se faire une idée de ce qu'était encore, sur les mers des Indes, avant l'unité-ibérique, les forces maritimes portugaises, il nous suffira de remarquer qu'en 1557, le gouverneur François Barreto équipa contre le pays d'Achen, la plus puissante flotte que l'Inde n'eût vue jusqu'alors ; puisqu'elle se composait de 25 galions et caravelles, de 10 galères, et de plus de 60 fustes et petites galères, sans compter une foule d'autres embarcations plus légères. Avec l'arrivée du nouveau gouverneur Constantin de Bragance en 1558, la direction projetée fût changée ; la flotte partit de Goa pour Daman avec 100 voiles et, à peu près, 3,000 hommes de troupes.

Après le roi Sébastien, que sa fin tragique livrait à l'ambition de Philippe II, l'établissement du joug espagnol dans le royaume entraîna la ruine complète de cette belle marine

______

(1) Coupant la chaine qui fermait ce port maritime.

portugaise, qui dût faire, en grande partie, les frais de l'équipement de la superbe *Armada* que l'orgueil présomptueux du sombre solitaire de l'Escurial avait cru pouvoir qualifier *d'Invincible*.

XXVIII.

Philippe II porta la couronne de la Péninsule Hispanique en 1580.

Jusqu'à ce jour le Portugal était en paix avec l'Europe. Mais entraîné par un lien personnel à prendre part aux guerres d'Espagne, précisément à une époque, où son commerce, par trop étendu exigeait les plus grandes forces maritimes, il s'est vu aux prises avec plusieurs nations des plus belliqueuses, dans l'un et l'autre hémisphère. Avant de lier sa destinée à celle du royaume voisin, la couronne portugaise, nous affirme le témoignage véridique d'un écrivain capable à observer les faits, faisait flotter sur toutes les mers sans efforts, plus de 1,900 pavillons.

Savoir : 400 gros vaisseaux, 1,500 caravelles petites et grandes ; et le roi Sébastien réunissant 830 voiles afin de se transporter à Alcacer, n'avait pas laissé sans appui les navigations de l'Inde, de Saint-Thomé, du Brésil, de Guinée, du Cap Vert et d'autres endroits (1).

Mais Philippe II avait résolu de convertir cette puissance navale dans l'intérêt de sa monarchie, et utilisa sans aucun scrupule, les navires, l'artillerie, les équipements, les provisions de bouche, pris des arsenaux de Lisbonne, pour la défense des possessions espagnoles, ou au profit de ses idées de domination générale.

Le Portugal après 60 années de captivité par les rois Philippes, en secoua le joug !...

La restauration, porta alors sur le trône du Portugal, en

____

(1) Thomé Cano, capitaine espagnol, 1611.

1640, le duc de Bragance, depuis Jean IV, issu de la branche d'Aviz, par Alphonse, fils naturel de Jean Ier, ainsi que par son aïeule, Catherine, fille de l'Infant Edouard, et petite-fille du roi Emmanuel. Cette révolution rétablit l'indépendance du Portugal vis-à-vis de l'Espagne.

Le Portugal délibéré avait repris son essor au dedans : mais au dehors, disons-nous, les désastres de la guerre entre l'Espagne et ses infatigables ennemis, les Hollandais et les Anglais, entraînèrent la destruction de la puissance coloniale et maritime des Portugais...

La notion exacte des faits est la base indispensable de toute science : la plus subtile dialectique est impuissante à la solution d'une question, si les faits sont ignorés. Ce petit livre est un simple abrégé des traditions historiques. La discussion n'y occupe point de place : nous nous bornons à exposer : c'est au lecteur à conclure. Les distinctions de personnes ou de nations ont dû s'effacer pour nous. L'histoire est de tous les pays : elle ne poursuit qu'un but, ne reconnaît qu'une loi, la vérité.

Ah ! grandeur et puissance s'évanouissent ; mais la gloire est immortelle !... Le poète avait dit :

La mort avant le temps, c'est l'immortalité (1).

XXIX.

Le roi Emmanuel mourut en 1521. Son règne fut un des plus glorieux du Portugal. — Il avait été surnommé le « Roi Fortuné ». Il fût inhumé au superbe monastère de Bélem, une de ses œuvres encore. On y lit sur son tombeau cette épitaphe :

> Littore ab occiduo, qui primum ad littora solis,
>   Entendit cultum notitiamque Dei ;
> Tot Reges domiti cui submisere tiaras,
>   Conditur hoc tumulo Maximus Emmanuel.

------

(1) *Lusiades,* IV.

Traduction :

>> Des bords du Tage aux lieux où l'aurore rayonne
» Un apôtre étendit la loi de l'Éternel ;
» Un héros à vingt rois fit don de leur couronne :
» Ce marbre couvre, hélas! le grand Emmanuel! »

X. — Dernier épisode de la vie de Gama.

XXX

Revêtu du titre d'amiral, celui qui avait donné le signal de la conquête des Indes ne devait pas mourir paisiblement dans son château de Vidigueira. Il fut nommé par le roi Jean III, successeur d'Emmanuel, vice-roi des Indes, car après Albuquerque il fallait enfin contenir ceux qui soumettaient les nations.

> « Tu verras l'Océan, dans le fort de l'orage,
> » A l'ordre de l'un d'eux, suspendre un jour sa rage,
> » Et ses flots dont l'orgueil les ose encor troubler,
> » Sous ses maîtres nouveaux tressaillir et trembler » (1).

Vasco da Gama eut en mer, une des inspirations prophétiques que les peuples n'oublient jamais : il était huit heures du soir (2), le ciel était serein, l'air demeurait paisible, les vagues se succédaient dans une majestueuse lenteur, et nul bruit sur l'Océan n'indiquait un présage sinistre, lorsque la masse des eaux se souleva ; « tout ce qu'il y avait sur le pont roula pêle-mêle, comme cela avait lieu alors dans une rude tempête ».

Terrifiés par ce bouleversement imprévu, ne comprenant pas encore les terribles phénomènes qui accompagnent un trem-

---

(1) *Lusiades*, II.
(2) *Septembre* 1524, *jour de la Notre-Dame.*

blement de terre sous-marin, les équipages jetèrent un cri
d'effroi ; mais rien n'avait altéré la sénérité du front de Gama :
il avait deviné la cause de cette lutte subite de la terre bondis-
sant contre les flots, et d'un mot, nous dit le vieux chroni-
queur, il rassura ces hommes qui cherchaient à lire dans ses
yeux :

« La mer des Indes tremble devant nous, et la terre fait de
même..... Enfants, c'est un pronostic de victoire » (1).

Depuis vingt ans en effet, les Indes tremblaient devant ce
petit royaume de Portugal, qui n'avait que quatre cents ans
d'existence : nulle contrée de l'Orient ne semblait à l'abri de
ses conquêtes ou de ses audacieuses incursions, nulle plage de
l'Afrique ne refusait ses établissements ; mais lorsque Gama
prononçait les paroles qui semblaient clore sa carrière, il avait
bien peu de jours à vivre !

A peine a-t-il mis le siège devant Cochin, qu'il meurt,
le 24 décembre 1525. La même année de la mort de Gama,
Lisbonne vit naître le poète qui devait l'immortaliser !

____

(1) Voyez Louis de Sousa, *Annales du règne de Jean III.*

XI. — Rôle du Portugal dans la civilisation européenne au XVe et au XVIe siècle.

XXXI.

Aucun pays ne réunissait d'éléments de grandeur si puissants.

Admiré pour ses vastes découvertes maritimes et terrestres, maître exclusif du trafic commercial de l'Asie, et dominant les mers sillonnées par ses navires, jusqu'aux plus lointaines parties, il n'était pas surprenant, que l'éblouissement d'un si rare spectacle émût les esprits, écartât les fantaisies et provoquât l'enthousiasme.

La supériorité dans les sciences mathématiques et dans les théories nautiques, datait du temps de l'Infant dom Henrique, et les arts nautiques n'avaient cessé de se perfectionner avec les dangereux voyages entrepris dans la suite.

La réputation de Pedro Nunes, ce savant qui enseigna trois rois de Portugal, dont la puissance repose tout entière sur la marine, résumait les progrès des générations précédentes.

Les connaissances géographiques, alors si obscures et douteuses, au XIVe siècle et dans la première moitié du XVe, valûrent à nos cosmographes, surtout, les lumières qui dirigèrent leurs pas. Maîtres et écrivains remarquables, dans l'université nationale et dans les universités étrangères, ils honorèrent les sciences morales avec applaudissements, avec la gloire pacifique des triomphes académiques, glorifiant le Portugal, que l'audace et le bonheur des entreprises avaient tant haussée dans les louanges du monde.

Et maintenant, au point de vue qui nous occupe, il faut dire bien haut, que, au XVe et au XVIe siècle, le grand rôle de la civilisation européenne revint au Portugal et à l'Italie ; celle-ci rallume le feu presque éteint de l'érudition antique, celui-là réunit à cette lumière ardente un nouveau et rayonnant flambeau ; l'Italie exhume du passé les trésors d'une civilisation cachée, comme Pompéi sous les laves du Vésuve, par une triple couche de barbarie : le Portugal à ce très riche pécule en apporte un autre, et de nouveaux principes ; le monde doit à l'Italie la renaissance de la civilisation antique, et au Portugal tout ce qui forme la sève, l'audace, l'originalité de la civilisation moderne.

Avec leurs voyages, leurs explorations et leurs conquêtes, dans toutes les parties du monde, les Portugais ont servi le genre humain en lui offrant à la fois tant d'objets nouveaux. Ils ont agrandi la masse des idées ; il y a eu par eux progrès de la pensée humaine......

A aucune autre époque, une masse plus variée d'idées nouvelles n'a été mise en circulation, que dans l'ère du prince Henri, de Gama, de Cabral, d'Albuquerque, qui était aussi celle de l'Arioste, de Raphaël, de Michel-Ange, de Pedro Nunes et de Camoëns!

Si le caractère d'un siècle est « la manifestation de l'esprit humain dans un temps donné », le siècle des voyages, des explorations et des conquêtes portugaises, tout en étendant inopinément la sphère des connaissances, a imprimé un nouvel essor aux siècles futurs.

Donc :

> « C'est à lui, si des chants font l'immortalité,
> D'assurer à ce peuple un laurier mérité. » (1)

. . . .

> » Et modeste hôtelier sur cette mer immense,
> De l'Europe humblement briguer la préférence. » (2)

. . . .

. . . .

----

(1) *Lusiades*, I.
(2) *Lusiades*, II.

CONCLUSION.

Le Camoëns a aussi paru très à propos. La grande épopée était terminée. La poésie des faits et des actions héroïques. l'abnégation des grandes vertus allaient presque disparaître ; ce fut alors que la poésie des vers atteignit son apogée. La postérité commençait à éclairer les pages sublimes de l'histoire portugaise. C'était le moment à l'inspiration de se manifester, heureuse et grandiose, encore palpitante du grand bruit et de l'ébranlement sensationnel des grands événements. Les remarquables succès de l'histoire nationale allaient avoir leur chanteur, qui plus tard, n'aurait peut-être pas eu une si heureuse inspiration que celle qui s'est offerte au sublime poète, qui a fait avec sa muse le plus beau monument de l'histoire de son pays.

Maintenant, si le lecteur a pris la peine de parcourir ces rapides esquisses, il verra avec quel amour notre poète caresse tous ces trésors de la gloire nationale, comme il les enchâsse habillement dans son récit ; comme il a soin de recueillir, outre les documents positifs de l'histoire, les traditions populaires qui sont encore plus chères au peuple ; parce qu'elles sont son œuvre, et s'il suppose à la place de cette faible version, de ces quelques citations, la poésie la plus riche et la plus inspirée, il comprendra que Camoëns est assuré de trouver des lecteurs passionnés tant qu'il y aura une nation portugaise, et de sincères admirateurs tant que le patriotisme et le courage dans un homme de génie auront le pouvoir d'intéresser et d'émouvoir les autres hommes.

TABLE DES MATIÈRES.

Dédicace 5
I. — Suprême gloire 7
II. — Les Lusiades 14
III. — L'Inde 19
IV. — Gama est désigné pour conduire l'expédition de l'Inde . 21
     — Équipement de la flotte 23
     — Embarquement et les adieux 24
     — Voyage jusqu'au Cap 27
     — Adamastor 29
V. — Gama sur la mer australe 32
     — Arrivée de la flotte à Mozambique 36
     — Mozambique et Angola dans leurs limites actuelles . . 38
     — La flotte de Gama à Mombaça et à Mélinde 40
     — Gama arrive devant Calicut. — Mystère de l'école de
       Sagres et retour de Gama 42
VI. — Conséquences de la découverte et de la conquête de
       l'Inde 48
     — Albuquerque 49
VII. — Missions religieuses en Orient 53
VIII. — Influence des jésuites dans les cours orientales. Saint
       François-Xavier 56
IX. — Apogée commerciale et maritime du Portugal . . . 58
X. — Dernier épisode de la vie de Gama 68
XI. — Rôle du Portugal dans la civilisation européenne au
       XVe et au XVIe siècle 70
Conclusion 72

FIN.

N° 35216. — Bruxelles. — Typ. et lith. E. Guyot, rue Pacheco, 12.